ELISABETH BONNEAU

Gastgeber-Knigge

Schön und entspannt feiern

Inhalt

Willkommen, bienvenue, welcome

Szenenwechsel: Gäste ins Restaurant einladen

1
2
3
4
5

Get together: Anlässe, Gäste einzuladen

Vorwort

Eigentlich müsste man ja Meiers mal wieder bekochen. Die Gegeneinladung an Krämers ist auch längst fällig und Müllers haben schon die Bemerkung fallen lassen, an ihnen läge es nicht, dass man sich so selten sähe.

Aber irgendwie steht Ihnen doch zum Wochenausklang eher der Sinn nach einem gemütlichen Abend zu zweit allein bei Kerzenschein? Dann legen Sie dieses Buch zur Seite, ziehen Sie die Vorhänge zu und genießen Sie die Muße.

Haben Sie jedoch Spaß daran, das Wohlbefinden von Freunden und Bekannten, Kunden, Kollegen oder Verwandten aktiv zu gestalten, und Sie fragen sich nur, wie Sie

→ auch größere Einladungen gekonnt arrangieren,
→ selbst komplexe Menüs korrekt servieren,
→ und dabei stets charmant parlieren,

dann ist dieses Buch genau richtig für Sie. Es ist als Hilfestellung für Gastgeber gedacht, die ihre Gäste rundum verwöhnen und sich dabei in ihrer Rolle sicher und entspannt fühlen möchten.

Ihre
Elisabeth Bonneau

1 Klug planen, organisieren, vorbereiten

→ Für die Gäste nur das Beste! Darum ist eine Einladung kein Pappenstiel. Je detailgetreuer Sie planen, je professioneller Sie Gastfreundschaft praktizieren, je eingehender Sie Ihre Gäste über das informieren, was sie erwartet, desto entspannter können Sie feiern. Tun Sie sich etwas Gutes, nehmen Sie sich ausreichend Zeit für die Vorbereitung.

Feste für Gäste

Möchten Sie, dass sich zwei alte Freunde an Ihrem neuen Esstisch nach Jahren wiedersehen? Oder sollen sich Dutzende Bekannter zu neuen Konstellationen mischen? Ihr Ziel bestimmt den Weg! Und wenn Sie ohne Catering und ohne Personal auskommen wollen: Zählen Sie erst Ihre Stühle, Gläser, Besteckteile und Teller und erstellen Sie dann die Gästeliste und den Menü- sowie Getränkeplan.

Wen einladen? – die Gästeliste

Professionelle Gastgeber, frei von der Verpflichtung, zur Taufe die Paten und zur Silberhochzeit die Kinder einzuladen, gehen bei der Zusammenstellung ihrer Gästelisten nach folgenden profanen Kriterien vor:

1 Wozu ist die Einladung gut: Verwandte beglücken? Freunde
wiedersehen? Geschäftspartner zusammenführen?
Wer muss dem Anlass entsprechend dabei sein?
2 Wer könnte darüber hinaus noch dazu passen?
3 Wer versteht sich gut/weniger gut mit wem?
4 Wer ist unterhaltsam und Ihnen eine Hilfe, wer muss aus tak-
5 tischen Gründen im Notfall mitgetragen werden? Erfahrungs-
gemäß haben gute Karten: Hoteliers, Journalisten, Reiseleiter.
Wem wollen Sie auf welche Weise Gutes tun? Für manche ist es
6 wertvoll, zu einem köstlichen Essen in hübschem Ambiente gebe-
ten zu werden, andere fühlen sich erst durch die Präsenz anderer
»wichtiger« Personen aufgewertet.

Ihre spezifische Eventkultur

Kleine Einladungen erhalten die Freundschaft, große fördern sie nicht unbedingt. Behalten Sie immer die Verhältnismäßigkeit im Auge, überfordern Sie Ihre Gäste nicht – weder mit Speisen und Getränken noch mit dem Entertainment.

Planung macht sicher

Kochen Sie gern und gut, versorgen Sie Ihre Gäste nach allen Regeln der Kunst. Nach der klassischen Gastgeberkultur bereiten Gastgeber wenigstens den Hauptgang selbst zu. Sind Sie berufstätig, dürfen Sie sich über diese Regel locker hinwegsetzen. Lassen Sie sich von einem Caterer ein Rund-um-sorglos-Paket arrangieren, können Sie entspannt dem Fest entgegensehen und haben den Kopf für Ihre Gäste frei.

Sie müssen nicht alles selbst erledigen

Je aufwändiger Ihr Angebot, desto mehr helfende Hände müssen zupacken und desto detaillierter muss die Planung sein. Legen Sie daher alle Aufgaben schriftlich fest, gehen Sie diese in einem gemeinsamen Briefing mit allen Helfern durch. Werfen Sie zwischendurch immer wieder auch einmal ein Auge darauf, ob alles in Ordnung ist. Ein Kontrollbesuch im Gäste-WC schützt nicht nur Sie vor bösen Überraschungen!

Kleinkunst bei Tisch

Zur Unterhaltung Ihrer Gäste können Sie

- zur Gartenparty einen Akkordeonspieler buchen,
- zur Verlobung ein Feuerwerk zünden,
- zum runden Geburtstag eine Travestie-Show bestellen,
- zum Adventskaffee Ihre Kinder in die Blockflöte blasen lassen.

Bieten Sie ein Büfett, sind unterhaltsame Intermezzi nur beim Aperitif und nach dem Essen möglich. Sie brächten sonst Ihre Gäste in Ent-

Gerti Wende leitet die Catering-Abteilung der Freiburger Traditions-Fleischerei »Müller-Herkommer«, die die Zeitschrift DER FEINSCHMECKER als eine der besten Fleischereien bezeichnet.

Woran erkenne ich als Kunde einen guten Caterer?

Er muss Ihnen den Eindruck vermitteln, dass er Sie versteht und dass Sie genau das bekommen, was Ihnen vorschwebt. Wenn Sie ein Gartenfest wollen, darf er nicht versuchen, Ihnen ein Galadiner zu verkaufen.

Er muss Ihnen zuhören, er muss Sie aufklären und Eventualitäten aufzeigen. Wenn Sie zum Beispiel mit ihm Ihre Sommerparty besprechen, muss er Sie fragen, welche Alternative Sie bei schlechtem Wetter haben.

Was muss der Caterer von mir wissen?

Ob Sie im Sitzen oder im Stehen essen möchten. Ob auf den Empfang ein großes Essen folgt oder ob er für sich steht. Die Eckdaten natürlich auch: die Personenzahl, die Art, die Tageszeit, den Ort. Gegebenenfalls besichtigen wir die Räumlichkeiten. Angaben wie die, es gäbe »ausreichend Platz«, sind nämlich relativ. Und in einem städtischen Saal oder einer Forsthütte hat manchmal ein Caterer exklusive Rechte; ich muss also wissen, ob ich dort überhaupt tätig werden darf.

Wie definieren Sie die Mengen, die Sie den Kunden empfehlen?

Auch die müssen wir miteinander erarbeiten. Die Faustregel besagt zum Beispiel, dass Sie zu einem Empfang sechs Canapés pro Person brauchen. Wollen Sie jedoch einen Sättigungseffekt erzielen, brauchen Sie auf jeden Fall acht und für einen kurzen, kleinen Umtrunk am Vormittag nur drei.

Was darf ein Catering pro Person kosten?

Da ist es, wie wenn Sie sich einen Wintermantel kaufen, Sie können Cashmere nehmen oder eine einfache Wolle. Möchten Sie Hummer satt oder Fleischkäse mit Kartoffelsalat? Es ist für mich wichtig, im Gespräch das Budget zu erfahren, dann erarbeiten wir, was dafür möglich ist. Es kommt ganz selten vor, dass ein Kunde nach einer ausführlichen Beratung von einem Auftrag Abstand nimmt. Die meisten Menschen wissen schließlich: Qualität hat ihren Preis, Frische hat ihren Preis und Manpower hat ihren Preis.

scheidungsnot: Dürfen sie essen oder müssen sie zuhören? Bedenken Sie auch: Hier werden Ihre Gäste zu Konsumenten; die Unterhaltung bekommt zwar neue Impulse, muss aber nach der Einlage erneut aufgenommen werden. Da könnte Ihre Hilfe nötig werden.

Was tun, sprach der Gast

Sollen Ihre Gäste etwas erleben und über dieses gemeinsame Erlebnis ins Gespräch kommen? Dann brauchen Sie ein anderes Unterhaltungskonzept. In Ihrer örtlichen Tageszeitung finden Sie dazu Anregungen in verschiedenen Preisklassen. Sie können …

- eine Straßenbahn mieten; der Kaiserwagen der Wuppertaler Schwebebahn ist geradezu ein historisches Vehikel.
- ein Schiff chartern; den Sonnenuntergang auf einem mecklenburgischen See vergisst keiner Ihrer Gäste.
- ein Boot mieten; Stocherkahn fahren auf dem Neckar stärkt Muskeln und Gemeinschaft.
- mit einem Freiluftballon Landschaft und Region aus der Vogelperspektive begutachten.
- einem Käsebauern in den Stall schauen.
- mit einem Sternekoch ein Essig-Menü zaubern.
- mit einer professionellen Theatertruppe ein Stück improvisieren und dieses vor Publikum präsentieren oder aber auch einfach alleine Ihren Spaß daran haben.

Fotografieren und die Bilder schicken nicht vergessen!

Auf die Minute: Zeiten für Gäste

Bestimmte Inhalte wie Advent oder Halloween sind an eine Jahreszeit gebunden und bestimmte Personen sind an Wochentage gebunden; klären Sie daher langfristig, welcher für wen der günstigste ist.

Als gängiger Ausgeh-Abend ist der Freitag gerade als solcher verpönt. Zu den Alternativen zählen:

- die After Work Party am gar nicht blauen Montag,
- der Eintopf nach dem Schwimmkurs in der Wochenmitte,
- das Bio-Frühstück am Samstag,
- das frühe Abendessen nach der gemeinsamen Sonntagswanderung, damit am Montag alle für die After Work Party fit sind.

In der Wirtschaft ist viel von Benchmarking die Rede. Das bedeutet nichts anderes als: Augen auf! Schauen Sie sich um, was Sie bei anderen Anlässen überzeugt und was Sie stört. Malen Sie sich mit geschlossenen Augen ein Bild vom idealen Moment Ihres Festes: Was sehen, hören, spüren Sie? Leiten Sie davon konkret ab, was Sie für die Zusammensetzung, die Gestaltung und die Terminierung Ihres Festes tun müssen. Aufschreiben nicht vergessen!

DIE KLASSISCHEN UHRZEITEN

11 – **Empfänge (Jubiläum, Geburtstag, Taufe)** beginnen meist um 11 Uhr

19 – **Das Abendessen wird meist ab 19 Uhr serviert**

12 – **12 Uhr ist die klassische Zeit für Mittagessen**

18 – **Die Zeit für eine After Work Party/ einen Abendempfang ist gewöhnlich 18 Uhr**

16 – **Zum Kaffeetrinken lädt man üblicherweise um 16 Uhr**

FÜR BESTIMMTE ANLÄSSE SIND FESTE TAGESZEITEN ÜBLICH

Üblicherweise werden bestimmte Anlässe zu festen Tageszeiten erwartet (→ Übersicht Seite 11), Ausnahmen erwähnen Sie bitte ausdrücklich, um Missverständnisse von vornherein zu vermeiden.

Bei Empfängen ist es nicht mehr unüblich, den Zeitrahmen (»von … bis … Uhr«) anzugeben. Nicht alle Gäste halten sich daran, sind aber auch nicht verärgert, wenn Sie den Getränkeservice ausklingen lassen. Rechnen Sie mit einer Anwesenheit von einer halben bis einer Stunde. Legen Sie Ansprachen in die Kernzeit; lassen Sie sich dabei nicht von eintreffenden Personen irritieren. Sind ältere Personen eingeladen, sollten Sie Sitzgruppen vorsehen.

Verzichten Sie außer in einem akademischen Umfeld auf lateinische Angaben. Zur Auffrischung: »c.t.« (cum tempore, mit Zeit) bedeutet, dass Sie Ihre Gäste bis spätestens 15 Minuten nach der Stundenangabe erwarten; »s.t.« (sine tempore, ohne Zeit) heißt, dass sie ein paar Minuten vor 11 Uhr dort sein sollen.

Rückwärts rechnen

Geübte Gastgeber quantifizieren den Aufwand für jeden Arbeitsablauf im Handumdrehen. Bringen Sie diese Erfahrung nicht mit? Rechnen Sie einfach im Alltag alle Zeiten zusammen, die Sie erfahrungsgemäß brauchen, um

- → sich in Form zu bringen,
- → Ihre Wohnung vorzubereiten,
- → den Esstisch zu decken,
- → alle Speisen und Getränke vor- und zuzubereiten, die Sie Ihren Gästen servieren wollen,
- → die entsprechenden Einkäufe zu erledigen.

Rechnen Sie für eine Feier, bei der alles tipptopp sein soll, nochmals 50 Prozent hinzu, denn Sie werden überrascht sein: Die Vorbereitung dauert meist länger, als Sie zu fürchten wagten!

Je nach Anlass sechs bis zwei Wochen vorher

- Gästeliste erstellen
- Ort, Zeit, Rahmen bestimmen
- Einladungen aussprechen/schreiben
- die Speisen und Getränke ungefähr klären

Vormonat/Vorwoche

- Getränke und haltbare Zutaten beschaffen, Zulieferungen bestellen
- den Bestand an Gläsern, Besteck und Geschirr prüfen beziehungsweise Quellen zum Aufstocken klären
- den Speiseplan gemäß den Möglichkeiten erstellen

Vortag

- sämtliche Einkäufe tätigen/die Frischware kaufen
- Pasteten herrichten, Suppe usw. vorkochen, Fleisch usw. marinieren, Pâtisserie backen
- Getränke kalt stellen

Vorabend

- den Tisch decken
- die Kleidung vorbereiten

Bis zwei Stunden vor Ankunft der Gäste

- für Gäste zugängliche Bereiche der Wohnung präsentabel machen
- frische Waren wie Gemüse, Obst, Dekoration vorbereiten
- Rotwein auf Temperatur bringen
- Blumen im Esszimmer verteilen, Vasen für Blumen vorbereiten
- Platz zum Vorbereiten und Anrichten frei räumen

Eine Stunde vor Ankunft der Gäste

- Gastgeber ziehen sich zurück und machen sich fertig.

Auf die Minute

- Gastgeber öffnen entspannt die Tür.

Bitte kommen! – die Einladung

Bei aller Attraktivität Ihres Programms und aller Kunstfertigkeit in Gestaltung und Formulierung ist eine Einladung nichts anderes als eine Bitte. Nehmen Sie es nicht persönlich, wenn Sie eine Absage erhalten. Laden Sie aber auf so attraktive Weise ein, dass den Adressaten eine Absage schwer fallen würde.

So formulieren Sie einladend

»Heute 21 h Campari auf Balkon, OK?« Es spricht nichts dagegen, per Fax, E-Mail und SMS oder auf Zuruf zu einem lockeren Umtrunk zu bitten. Es ist hier nicht anders als bei einer handschriftlichen Einladung auf Büttenpapier mit Wasserzeichen: Die Form der Einladung weckt Erwartungen und die sollten später erfüllt werden.

Es liegt auf der Hand, dass eine Einladung Aufschluss über die harten Fakten geben sollte und dem Adressaten Lust auf die Teilnahme machen möchte. Dennoch gibt es einige Fehlerquellen. Lassen Sie daher Ihren Text, bevor Sie ihn definitiv zu Papier bringen, noch einmal von einer unbeteiligten Person unter folgenden Aspekten gegenlesen:

→ Eindeutigkeit
- Sind die Adressaten persönlich angesprochen?
- Sind Art und Anlass klar definiert?
- Sind Zeit und Ort im Detail fixiert?
- Sind alle Angaben schlüssig?

→ Sprachliches Geschick
- Sind Du- und Sie-Anreden deutlich unterschieden?
- Sind Du-, Wir- und Ich-Unterzeichner unterschieden?
- Sind die Formulierungen schlicht, anregend und zeitgemäß?

» ANSPRECHEND FORMULIEREN

Über die Gastgeber

−	+
Gastgeber in der 3. Person: »Jan und Lotte laden ein«	»Wir laden ein«
Floskeln: »Wir beehren uns/geben uns die Ehre/würden euch gern begrüßen«	»Wir laden ein/feiern/bitten/möchten mit euch feiern«
Gleiches Wort für verschiedene Akteure: »wir laden ein, wir feiern miteinander«	»Wir laden euch ein und feiern mit euch«
Personen-Mix: »Hans und ich laden ein«	»Ich lade ein, Hans freut sich mit mir, wenn ihr…«

» ANSPRECHEND FORMULIEREN

An die Gäste

−	+
Gäste im Doppelpack: »Herrn und Frau Jürgen Dahm/Eheleute Dahm«	»Frau Dr. Anne Dahm und Herrn Jürgen Dahm«, notfalls geht auch: »Frau Dr. Anne Dahm und Herrn Dahm«
Gäste in der 3. Person: »… laden Frau und Herrn Meier ein«	»… laden Sie, Frau und Herr Meier, ein«
In Anschrift und Anrede verschiedene Adressaten: Umschlag: »Herr und Frau Meier«/ Anrede: »Sie, Herr Meier, und Ihre Frau«	Wenn Umschlag »Herr und Frau Meier«, dann im Text »Sie, sehr geehrte Frau Meier, Sie, sehr geehrter Herr Meier«; wenn auf dem Umschlag »Herr Frank Meier«, dann im Text »Sie, sehr geehrter Herr Meier, und Ihre Frau …«
Unpersönliche Anrede: »Herrn Müller und Begleitung«	»Sie, Herr Müller, in Begleitung einer Person Ihrer Wahl. Teilen Sie uns bitte deren Namen mit«
Gemischte Anrede: »laden wir Sie/dich ein«	»laden wir Sie, sehr geehrte Frau Krämer, und dich, lieber Ingo, ein«

» **ANSPRECHEND FORMULIEREN**	**Adressatenorientiert**
−	+
Geschwollene Formulierungen verwenden: »Herrn Professor Neumayer nebst Ihrer werten Gattin/Frau Gemahlin«	»Sie, Herr Professor Neumayer, … Wir würden uns sehr freuen, zu diesem Anlass Ihre Frau kennen zu lernen«
Des Französischen unkundige Personen um Antwort bitten: »R.s.v.p. – Répondez s'il vous plaît«	»U. A. w. g. – Um Antwort wird gebeten bis …« (notfalls ausschreiben!)
Aufbauschen: »im herrlichen Ambiente des Schlossgartens; für ein delikates Menü«	Schlicht: »im Schlossgarten; zum Abendessen«
Ungenau: »in den frühen Abendstunden«	Eindeutig: »von 18 bis 19.30 Uhr«
Eventuell und weich gespült: »Wäre toll, wenn ihr die Zeit fändet, mit uns gemeinsam am Sonntagmorgen ein paar nette Stunden zu verbringen.«	Ross und Reiter nennen: »laden euch ein zum Brunch am … um … Uhr. Bitte seid dabei und gebt uns noch in dieser Woche Bescheid.«
Problemorientiert: »Wir wissen, Sie haben wenig Zeit, bitte geben Sie uns dennoch keinen Korb.«	Lösungsorientiert: »Wir hoffen sehr, dass unsere Einladung in Ihren Terminplan passt.«
Vorwegnahme: »Wir freuen uns auf Ihre Zusage.«	Realismus: »Wir hoffen sehr auf Ihre Zusage/würden uns über Ihre Zusage freuen.«
Überfrachtet: Unterhaltungsprogramm mit Akteuren, Zeitangaben und detaillierten Inhalten	Auf das Wesentliche beschränkt: »Empfang mit anschließendem Abendessen, danach Tanz«
Schlangensätze: »Es ist zwar nicht üblich zu fragen, doch es wäre uns sehr daran gelegen, wenn Sie uns trotz Ihres eingeschränkten Zeitbudgets mitteilen könnten, ob wir für Sie den Hecht, den mein Mann letzte Woche im Urlaub gefangen hat, zubereiten dürfen.«	Fragen und Appelle: »Für die Menüplanung möchten wir wissen: Essen Sie Fisch? Geben Sie uns doch bitte im Lauf der Woche Bescheid.«

Ein Wort zur Kleidung

Jedes Essen, jedes Fest, jeder noch so kleine Umtrunk ist ein Mosaik, zu dessen Gelingen auch das Erscheinungsbild Ihrer Gäste beiträgt. Der geschulte Gast respektiert einen Kleidervermerk, der sich grundsätzlich auf Herren bezieht. Er kleidet sich nicht förmlicher als die Gastgeber und trägt bei fehlendem Kleidervermerk Business-Kleidung.

Um Zweideutigkeiten auszuschließen, sind vier Gruppen von Kleiderordnungen kodifiziert:

1. GROSSER GESELLSCHAFTSANZUG/WHITE TIE/CRAVATE BLANCHE: Frack für den Herrn und große Abendgarderobe für die Dame
2. GESELLSCHAFTSANZUG/BLACK TIE/CRAVATE NOIRE: Smoking für den Herrn und große oder auch kleine Abendgarderobe für die Dame
3. DUNKLER ANZUG: dunkler Anzug für den Herrn (keine Kombination!), ein das Knie umspielendes Kleid für die Dame, elegante Hosenanzüge und Kostüme sind möglich
4. CASUAL: locker-elegante Kleidung mit Hose/Rock und Jackett, eventuell Pullover; keine Krawatte, keine Jeans, kein T-Shirt, warme Farben, Muster, weiche Stoffe

Leider liest nicht jeder Gast diese Angaben so eindeutig. Besonders wenn Sie Ihre Gäste in lockerer Runde zusammenbringen wollen, brauchen Sie daher konkrete Angaben. Erwähnen Sie »sommerliche Freizeitkleidung«, dürfen Sie sich nicht wundern, wenn die eine im weißen Seidencomplet kommt, der andere in abgeschnittenen Jeans und Muscle Shirt. Schreiben Sie hingegen »Krawatte erwünscht« beziehungsweise »Krawatte nicht unbedingt gern gesehen«, haben Ihre Gäste Spielraum und Richtung gleichermaßen. Wer klug ist, ruft sowieso vorher an.

MUSTERBRIEF

Guten Tag, sehr geehrte Frau Schmidt,

meine Cousine Janine Müller ist immer für eine Überraschung gut, das zeigen nicht nur ihre Skulpturen, mit denen sie in ihrer Heimatstadt Braunschweig Furore macht.

Janine Müller stellt in diesem Sommer in unserem Garten ihre neuesten Werke aus. Zu diesem Anlass laden wir Sie, sehr geehrte Frau Schmidt, mit Ihrem Mann zu einem Umtrunk am 15. August 2006 ab 17 Uhr zu uns in die ABC-Allee 156 in Stuttgart ein.
Anschließend gehen wir zu einem schwäbischen Abendessen in die Kronenstube am Württemberger Platz. Seien Sie unsere Gäste!
Bitte geben Sie uns bis 25. Juli unter Telefon 0711/111 111 111 Ihren – hoffentlich positiven – Bescheid.

Herzliche Grüße aus Stuttgart

Ihre Antje und Max Kramer

U.A.w.g. – der Antwortbogen

Erleichtern Sie Ihren Adressaten die Antworten. Die folgenden Formulierungen helfen dabei und ersparen Ihnen Rückfragen:

- »Bitte um Antwort telefonisch/per E-Mail/auf Antwortbogen per Fax/auf Antwortkarte per Fax«
- »Antwort« statt »Rückantwort«
- »Ich komme mit … (Bitte den Namen einfügen)«
- Unterstellen Sie den Adressaten keine Gefühlsäußerungen (»gern«, »leider«): »Ich komme/Ich kann nicht teilnehmen«

MUSTERKARTE

Wir feiern unsere Silberhochzeit
und hoffen, Sie, sehr geehrte Frau und Herr Meier,
sind dabei.

Das Fest beginnt am Samstag, dem 10. Juli 2005,
um 19.30 Uhr im Hotel-Restaurant Waldhorn
in Ihringen.

Was Sie erwartet?
Familie und Freunde aus allen Lebenszeiten und
Lebenslagen, badische Küche und badischer Wein
sowie Musik, nicht nur aus den 70er Jahren.

Dürfen wir uns auf Sie freuen? Wir wünschen es uns.

Ihre Lisa und Georg Schulze

Legerer Anzug, Sommerkleid

U. A. w. g. bitte
bis 10. Juni auf
beigefügter Karte

Bei einem Empfang oder einem kurzfristig anberaumten Abendessen dürfen Sie nun mit dem Eintreffen Ihrer Gäste zum verabredeten Zeitpunkt am verabredeten Ort rechnen. Bei besonderen Anlässen schicken Sie nach Eingang der Zusage eine Anfahrtsskizze mit Notfall-Telefonnummer. Für Übernachtungsgäste fügen Sie eine Liste der Hotels bei, in denen Sie ein Kontingent reserviert haben. Daraus lesen Ihre Gäste ab, dass sie die Übernachtung selbst zahlen müssen.

Sind Gäste Ihnen über die Maßen wichtig? Rufen Sie sie an! Sie dürfen nachtelefonieren, wenn diese Ihnen in der angegebenen Zeitspanne keine Zu- oder Absage gegeben haben.

Organisation ist nicht alles …

… doch ohne Organisation öffnen Sie der Hektik Tür und Tor. Damit Sie Ihre Gäste scheinbar mühelos umsorgen können – »pampern« sagen die Hoteliers – , verlassen Sie sich nicht auf den Zufall, sondern auf Ihre Präzision.

Voraussicht, Umsicht, Rücksicht

Kommen auswärtige Gäste mit öffentlichen Verkehrsmitteln? Linie, Haltestelle und Fahrpreis nennen und Fußweg beschreiben. Fahren sie mit dem Auto? Schicken Sie Ortsunkundigen eine Anfahrtsskizze. In ihrem Radius eingeschränkte Personen sind dankbar, wenn Sie für einen Fahrdienst sorgen und das Essen nicht zu spät terminieren.

Ihre Nachbarn können Ihnen Ihr Fest erleichtern. Vielleicht bieten sie ihre Einfahrt als Parkplatz an, vielleicht parken sie ausnahmsweise eine Straße weiter. Dazu müssen Sie sie aber rechtzeitig informieren. Ohnehin ist es dem nachbarlichen Frieden zuträglich, wenn Sie Feste, bei denen es laut und spät wird, ankündigen. Bitten Sie dennoch die Gäste, sich nach dem Abschied von Ihnen noch manierlich zu verhalten!

Kinder mögen Feste sehr, die der Erwachsenen jedoch nicht unbedingt. Die entspannteste Lösung ist, die Kinder der Gastgeber und der Gäste extern betreuen zu lassen. Kann in einem größeren Haus und mit einer Betreuungsperson auch gut gehen: die Pyjama-Party unter dem gleichen Dach, doch nicht am gleichen Tisch. Das höchste Stresspotenzial birgt in sich, wenn Sie vor dem Eintreffen der Gäste Ihre Kinder ins Bett bringen müssen, wo diese äußerst selten bleiben.

Die letzten Vorbereitungen: Bühne frei!

Kommt Ihre Erbtante zu Besuch, stellen Sie vielleicht frühere Geschenke der Dame, die auf Ihrem Dachboden schlummern, jetzt an einem exponierten Ehrenplatz auf. Ebenfalls diplomatisch inszeniert: Coffee table books zum Anblättern, eine dekorativ auf dem Couchtisch »vergessene« CD zum Kommentieren. Das Einserzeugnis Ihrer Jüngsten wiederum muss nicht sein.

Fertig zur Landung: Cross-Check

Gehen Sie zwei Stunden vor Ankunft Ihrer ersten Gäste durch Ihre Wohnung. Prüfen Sie

→ ALLE ZUGÄNGLICHEN BEREICHE: Sind sie »augenschön« gerichtet? Keiner Ihrer Gäste wird mit den Fingerkuppen die Sauberkeit Ihrer Bilderrahmen testen.

→ DIE TOILETTE: Ist sie tadellos sauber? Sind genügend Papierrollen, Gästehandtücher, Kleenex, ein hygienischer Seifenspender, Utensilien wie Pflaster, Deospray, Aspirin nebst Glas, Eau-de-Toilette-Pröbchen und Zahnstocher (nur hier gehören sie her!) für die Gäste deponiert? Sind Dinge Ihres intimen Gebrauchs und aussagekräftige Medikamente weggeräumt?

→ DEN FLUR: Im Winter und bei Regen benötigen Sie einen Schirmständer, eine Ablage für Handschuhe und Kopfbedeckungen sowie einen Kleiderbügel pro Gast. Bringen Sie Ihre Haus- und anderen Schuhe unter Verschluss.

→ DEN FEST-BEREICH: Ist der Fernseher ausgeschaltet? Das Telefon schalten Sie aus, den Anrufbeantworter an, sobald alle Gäste da sind.

→ DIE KÜCHE: Selbst wenn Sie Hilfsangebote Ihrer Gäste ablehnen – ein Blick kann immer gut sein. Hygiene und Übersicht sind nicht nur für die Augen der Gäste gut, sondern auch für deren Wohlbefinden.

Machen Sie es sich doch nicht so schwer

Ist eine Einladung in der Regel schon Herausforderung genug, sehen sich berufstätige Gastgeber und/oder Singles besonderen Anforderungen gegenübergestellt. Kein falscher Stolz: Reduzieren Sie die Anzahl der selbst zubereiteten Gänge auf ein Minimum.

- Bitten Sie vertraute Gäste um Unterstützung vor und bei dem Fest; stellen Sie sie mit allen Würden als Ihre Helfer vor.
- Entscheiden Sie sich für Speisen, die Sie komplett vorbereiten können. Aufläufe, die Sie in die Röhre schieben, sind ideal und gut mit Salaten, die Sie im letzten Moment anmachen, zu kombinieren.
- Richten Sie Speisen auf Platten an, von denen sich die Gäste selbst bedienen können. So müssen Sie nicht zum Anrichten lange in der Küche verschwinden.
- Räumen Sie in Küche und Essbereich genügend Abstellflächen leer. Warmhaltegeräte leisten gute Dienste.

Wenn Überraschungsgäste vor der Tür stehen

Selbst wenn Sie, wie es in Junggesellenhaushalten üblich sein soll, immer eine Flasche Sekt im Kühlschrank und Käsegebäck im Eisfach haben, und die Tankstelle gut bestückt ist – eine Überraschung ist eine Überraschung. Sorgen Sie durch Ihre Contenance dafür, dass keine böse Überraschung daraus wird.

Pannenhilfe: Aus heiterem Himmel an den Tisch

Spontan-Besucher haben Lust, mit Ihnen zusammen zu sein, das Catering hat für sie keine Priorität. Sie können daher ohne weiteres

- geschwind einen Tisch im Restaurant buchen.
- Ihren Metzger oder Ihren Caterer bemühen.

- Ihre Spontan-Gäste bitten, den Tisch für das ohnehin geplante Mahl zu decken, und kleinere Portionen als geplant auftischen.
- die Besucher einladen, mit Ihnen einkaufen zu gehen und dann gemeinsam zu kochen.
- einen Kaffee anbieten und ein zeitliches Limit setzen.
- Ihrem Bedauern darüber Ausdruck geben, dass Sie in einer halben Stunde am anderen Ende der Stadt verabredet sind.

Sind Gäste nach einer Feier bei Ihnen unverhofft hängen geblieben oder helfen sie Ihnen nach dem großen Fest beim Aufräumen, zaubern Sie gemeinsam einen Brunch. Kaffee und Tee haben Sie bestimmt da, Reste gibt es sicherlich auch. Nach Abbau des Restalkohols können Sie die Gäste schnell in der nächsten Bäckerei die Brötchen und am Bahnhof den vakuumverpackten Aufschnitt holen lassen. Kommen sie auf dem Weg beim Bauern vorbei, können sie sicherlich sogar ein paar frische Eier besorgen.

Einer zu viel...

Bei einer Party fällt es nicht auf, wenn fünf Gäste mehr oder weniger erscheinen und bei einem Büfett-Essen ist schnell irgendwo ein Gedeck ergänzt. Geht das bei einem gesetzten Essen beim besten Willen nicht auch? Wollen Sie diese Person jedoch gar nicht Ihren Gästen vorstellen? Bitten Sie die mitbringende und die mitgebrachte Person zu einer Verhandlung unter sechs Augen:

1. Hier liegt ein Missverständnis vor.
2. Die Schuldfrage ist unerheblich.
3. Wie gehen wir jetzt vor, dass wir alle gemeinsam unser Gesicht wahren können?

Nur wenn Sie wissen, was Sie wollen, finden Sie den richtigen Weg. Sie sind Gastgeber, Sie bestimmen, wer sich in Ihren vier Wänden aufhält.

Küche, Keller, Tisch: Bühnenbild und Requisiten

→ Gäste wissen eine gelassene, herzliche Atmosphäre zu schätzen. Zu ihr tragen neben einer ansprechenden optischen Anmutung sowie flüssigen Abläufen die vielen planbaren Kleinigkeiten bei. Da erweist sich die Einschätzung, das Talent eines Gastgebers zeige sich erst in seiner Fähigkeit zum spontanen Krisenmanagement, einfach als unklug.

Wer und was
an und auf den
Tisch kommt

2

Beim Essen – ob zu Hause oder auswärts – geht es Ihnen als Gastgeber auch darum, Ihren Stil, Ihre Besonderheit, Ihr Profil zu zeigen. Das tun Sie mit der Wahl des Rahmens und der Gestaltung sowie mit der Zusammenstellung Ihrer Gästeliste und der Tischordnung.

Damit alles seine Ordnung hat: Platzieren bei Tisch

Da steht eine Gruppe Gäste um einen Tisch herum und rätselt: Was nun, was tun? Sie kennen sicherlich Situationen, in denen Gastgeber die Wahlfreiheit für Gäste mit mangelnder Regieführung verwechseln. Überlegen Sie, wer sich auf welchem Platz wohl fühlen wird, und bieten Sie jedem Gast einen Platz an. Bei einem gesellschaftlichen Essen gelten Hierarchie und Geschlechtsrollen als erste Sortierungsmerkmale.

- Das Gastgeberpaar sitzt in der Mitte der Längsseite des Tisches einander gegenüber.
- Der weibliche Ehrengast sitzt rechts vom Gastgeber, mit dem Rücken zur Wand und dem Blick in den Raum, der männliche Ehrengast rechts von der Gastgeberin.
- Der Platz zur Linken der Gastgeber ist für die jeweilige hierarchische Nummer zwei der Gästeliste reserviert.
- Das selbst bei Kindergeburtstagen bekannte Prinzip der »bunten Reihe« besagt, dass Damen und Herren abwechselnd gesetzt werden.

- Paare – außer Jubelpaaren – werden getrennt und nicht einander gegenüber gesetzt, um den munteren Austausch im Gespräch anzuregen und thematische Allianzen zu vermeiden.
- Je weiter ein Gast vom Gastgeber entfernt sitzt, desto weniger wertgeschätzt fühlt er sich.

Natürlich werden Sie derartige Interpretationen im Freundes- und Bekanntenkreis zu verhindern suchen. Ohnehin hat in Ihrem eigenen Esszimmer der praktische Aspekt Vorrang: Als Gastgeber müssen Sie sich frei bewegen können und brauchen den direkten Zugang zu Küche und Keller. Doch auch hier können Sie die Kernelemente des Protokolls berücksichtigen und für Sie wichtige Gäste in Ihre Nähe und nicht mit dem Rücken zur Tür setzen.

Lassen Sie das Protokoll auch bei sich zu Hause nicht völlig außer Acht

Ein runder Tisch hält die Gäste leichter zusammen als eine längliche Tafel und mindert die Entfernung vom Gastgeber, an der die Hierarchie der Gäste gemessen wird. Sind hier jedoch mehr als sechs Personen platziert, wird die Unterhaltung zunehmend schwierig. Ob Sie Tischherr und Tischdame als Gespann definieren oder aber Anbieter und Kunde – hier wie dort ist innerhalb eines Zweierblocks immer die links platzierte Person für das Wohlergehen der Person zu ihrer Rechten zuständig.

Möchten Sie an einer Tafel die Gäste nicht protokollarisch korrekt nach Rangfolgen platzieren, gehen Sie sinngemäß vor und gruppieren Sie nach zwischenmenschlichen Kriterien: Wer wird mit wem ein ganzes Essen lang gemeinsame Themen finden, so dass Sie als Gastgeber nicht ständig für die Aufrechterhaltung des Gesprächs sorgen müssen? Setzen Sie an den Kopf der Tafel kommunikativ starke Personen, die Ihnen von dort aus die Regieführung erleichtern. Weihen Sie diese in Ihr Anliegen ein – sie werden sich wahrscheinlich geschmeichelt fühlen und ihrer Verantwortung gern entsprechen.

Der professionell gedeckte Tisch

Haben Sie eine große Gruppe eingeladen, aber wenig Platz? An einem runden Tisch hat der einzelne Gast mehr Spielraum bei weniger Platzbedarf, doch im Raum braucht er eine größere Fläche. Sie können beim Partyservice oder im Stammgasthaus eine Holzplatte leihen, die Sie gut auf Ihrem – kleinen – Tisch befestigen und das Ganze mit bodenlangem Stoff verdecken. Stühle ohne Armlehnen sind günstig. Im Sommer weichen Sie in den Garten aus, notfalls mit einem Zelt.

2

Das gemeinsame Tischtuch ...

Der Überhang einer Tischdecke sollte an jeder Seite zwischen 25 und 30 Zentimeter betragen, die Decke darf jedoch nicht die Sitzfläche der Stühle berühren. Achten Sie darauf, dass die Mittelbrüche in der Mitte der Tafel verlaufen. Der den Raum betretende Gast soll keine Unruhe auf dem Tisch sehen. Daher sollten Sie

- → Tisch- und Tafeltücher nach Waschen und Bügeln zweimal der Länge nach, dann zweimal quer falten.
- → die Decken so aufgelegen, dass der Blick des Gastes zuerst auf die nach unten weisenden Knickfalten, die Unterbrüche, fällt und erst danach auf die nach oben weisenden Falten, die Oberbrüche.
- → mehrere Tischdecken wie Dachziegel so übereinander legen, dass die dem hereinkommenden Gast am nächsten liegende Decke die weiter entfernte überlappt, der Blick also mit der ersten Decke in den Raum geleitet wird.

Erweisen Sie sich beim Einkaufen im Fachgeschäft als Profi. Verwenden Sie den Begriff »Tischwäsche« für eine normale Stoffqualität und Ausführung, »Tafelwäsche« hingegen für edles Tuch. Mit aufgelegten Sets können Sie Tisch- und Tafeltücher gleichzeitig präsentieren und schonen. Papiersets sind für Kinder ideal: Malstifte dazulegen.

... und für jeden das gleiche Gedeck

Für einen eleganten Tisch sind die Kenntnisse der Gestaltungsrichtlinien der Gastronomie hilfreich. Dort heißen die Gedecke »Couverts« und sind stets einheitlich, damit sich ein ausgewogenes Bild ergibt. Von Tellermitte zu Tellermitte sind 70 bis 80 Zentimeter Abstand gut. Zur Übersicht beim Eindecken verteilen Sie Platzteller, Servietten oder aber Orientierungsteller, die Sie anschließend wegnehmen.

Große Teller sind im Trend, Speisenteller mit 30 Zentimeter Durchmesser sind keine Seltenheit. Verwenden Sie diese für Vorspeisen und Hauptgerichte, kleinere für Salate, Desserts, als Brot- und Ablageteller.

Ein großes Besteck besteht aus Löffel, Gabel und Messer und ist für Hauptspeisen gedacht. Das Mittelbesteck wird zu Vorspeisen, die Gabel als zusätzliche Salatgabel und zum Frühstück gereicht. Das kleine Besteck besteht aus Löffel und Gabel und ist für Vorspeisen und Desserts, die in Kelchen serviert werden, sowie für Eisdesserts günstig.

Decken Sie alle Teile einer Besteckssorte für alle Couverts nacheinander ein; arbeiten Sie dabei von innen nach außen. Halten Sie die Besteckteile in einem Tuch, um Fingerabdrücke zu vermeiden. Die rechts im Couvert liegenden Teile halten Sie in der linken Hand, danach die links im Couvert liegenden in der rechten Hand.

Rechts befinden sich maximal vier Besteckteile, links höchstens drei Gabeln.

Zuletzt werden die Dessert-Besteckteile an die Oberseite des Tellers angelegt. Zuerst decken Sie das Messer für Käse oder Obst ein. Es liegt so, wie ein Gast es braucht, mit dem Griff nach rechts und dem Teller am nächsten, damit er sich nicht verletzt, wenn er Messer und Gabel herunterzieht. Die Gabel liegt entsprechend mit dem Griff nach links, der Löffel wie das Messer mit dem Griff nach rechts.

Der Brotteller links neben den Gabeln bildet an seinem unteren Rand eine Linie mit dem Tellerrand und den Besteckenden oder seine Mitte ist auf der gleichen Höhe wie die Mitte des Platztellers.

Das einfache Gedeck

Das festliche Gedeck

Jedes Glas an seinem Platz

Pro Gedeck stellen Sie maximal vier Gläser auf den Tisch. Decken Sie notfalls nach, bevor Sie ein weiteres Getränk servieren. Wie beim Besteck gehen Sie dabei am besten von Glassorte zu Glassorte vor. Stellen Sie zuerst zirka einen Zentimeter vor der Spitze des zum Hauptgang gehörenden (Richt-)Messers das Glas für das Getränk ein, das Sie zu diesem Gang trinken.

Haben Sie ausreichend Platz, richten Sie die übrigen Gläser in Längsform nach dem Orgelpfeifenprinzip an diesem »Richtglas« aus. In diesem Fall steht

- das kleinste Glas rechts,
- das größte links. Vielleicht ist dann das Rotweinglas das Richtglas; vielleicht aber trinken Sie zum Hauptgang Weißwein und zum Käse Roten, dann steht das Rotweinglas links vom Richtglas.

Häufiger wird jedoch die dreieckige Blockform praktiziert. Bei dieser Form steht

- das Richtglas vor dem Richtmesser,
- alle anderen Gläser rechts davon,
- ein sehr kleines Wasserglas vor dem Weißweinglas oder
- ein großes Wasserglas hinter dem Weißweinglas und
- alles so, dass der Blick von vorne nach hinten steigen kann.

Die Gläser sollten sich in der Größe unterscheiden, aber in der Form aufeinander abgestimmt sein.

Haben Sie nicht genügend Gläser aus der gleichen Serie im Schrank, decken Sie zwischendurch die gebrauchten Gläser ab und frische Gläser aus einer anderen Serie nach. Welches Glas Sie für welchen Wein verwenden, verrät Ihnen der Abschnitt »Glas ist nicht gleich Glas« (→ Seite 45 f.).

DIE GLÄSER AUSRICHTEN

Das »Orgelpfeifenprinzip«

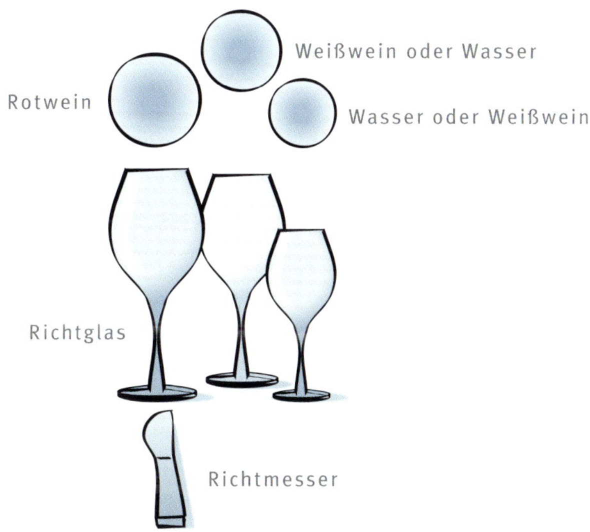

Die Blockform

Das richtige Werkzeug für den vollkommenen Genuss

Wollen Sie und Ihre Gäste auch extravagante »Rohstoffe« unbeschwert genießen, können Sie diese so zubereiten, dass das ohne besondere Vorkehrungen möglich ist. So können Sie Krusten- und Weichtiere schon in der Küche von ihren Panzern und Schalen befreien und Ihren Gästen das ausgelöste Fleisch reichen, als Dekoration kommt eine einzelne Schale oder Schere auf den Teller. Sie können sich aber natürlich die nötigen Sonderbestecke anschaffen und Ihre Gäste gegebenenfalls in deren Gebrauch einführen, so mancher mag das zu schätzen wissen. Dazu zählen:

- Gourmetlöffel
- Hummernadel und -zange
- Krebsbesteck
- Austerngabel

Die Wasserschale zum Reinigen der Fingerspitzen nicht vergessen! Sie steht auf einem Dessertteller links oberhalb des Brottellers und ist mit lauwarmem Wasser gefüllt, in dem ein Zitronenschnitz schwimmt. Die Wasserschale ist in eine Serviette gehüllt, an der sich Ihre Gäste die gereinigten Finger abtupfen können.

Sie haben kein Fischbesteck? Kein Problem! Für Schalen- und Krustentiere brauchen Sie ohnehin keines. Grätenfreier filetierter Fisch, vor allem in der Vorspeise, kann gefahrlos mit einem mittleren oder großen Fleischmesser zerteilt werden. Das brauchen Sie sowieso, wenn Sie grünen Spargel oder andere feste Gemüse dazu reichen. Traditionell können Sie Fisch auch mit zwei Gabeln essen, die linke hilft beim Teilen, die rechte führen Sie zum Mund. Fingerfertige Esser brauchen für Fischfilets – wie für Pasta und Pasteten – ohnehin nur die Gabel in der rechten Hand.

Gepflegtes Understatement: die Servietten

Mundservietten sind in Größen von 24 × 24 Zentimeter bis 60 × 60 Zentimeter erhältlich. Papierservietten sind für Gartenpartys möglich, Zellstoff wirkt etwas hochwertiger, aber bei eleganten Anlässen ist Stoff immer das Material der Wahl.

Unter dem Aspekt Hygiene und im Zuge der allgemeinen gestalterischen Reduktion auf das Wesentliche ist Schlichtheit auch beim Falten von Servietten angemessen. Niemand erwartet von Ihnen doppelte Bischofsmützen, Palmenwedel, Wünschelruten, Kronen, Torbögen, Dschunken oder Sternenfächer auf dem Tisch – es sei denn, ein Kind in Ihrem Umfeld hätte gerade das Serviettenfalten als Hobby entdeckt. Professionell und schlicht falten Sie die Einserstufe, die Zweierstufe, den einfachen Tafelspitz oder die Säule. Ausgangspunkt ist jeweils die mit der linken Seite nach oben zeigende glatte Serviette.

→ EINSERSTUFE: Ausgangsform zum Rechteck falten, Serviette von unten zur Mitte hin lose einrollen.

→ ZWEIERSTUFE: wie Einserstufe, doch nur bis zur Mitte hin einschlagen, obere Hälfte dagegen einrollen.

→ EINFACHER TAFELSPITZ: Ausgangsform zum Rechteck halbieren, die oberen Ecken zur Mitte hin einschlagen, die Kanten dabei aber nicht knicken, das entstandene Dreieck dann nach innen biegen und senkrecht aufstellen.

→ SÄULE: über Eck ein doppeltes Dreieck falten, von dessen Grundlinie (Falte) einen zwei bis drei Zentimeter breiten Rand nach oben falten, Serviette wenden und von der rechten Seite her schmal aufrollen, das überstehende Ende in den unteren Rand der Serviette stecken.

Die Serviette wird in der Mitte des Couverts auf dem Tischtuch oder dem Platzteller dem Gast zugewendet platziert. Gibt es keinen Brotteller, kann sie auch links vom Gedeck liegen, sonst rechts.

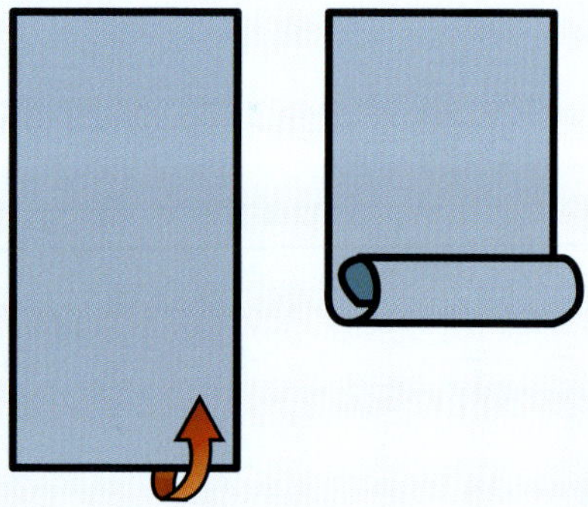

Die Einserstufe

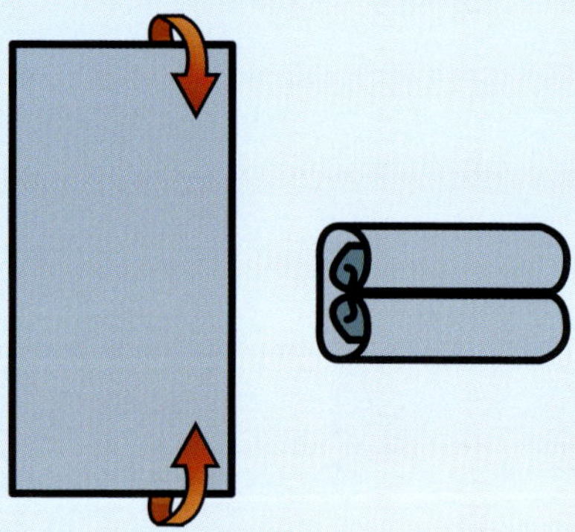

Die Zweierstufe

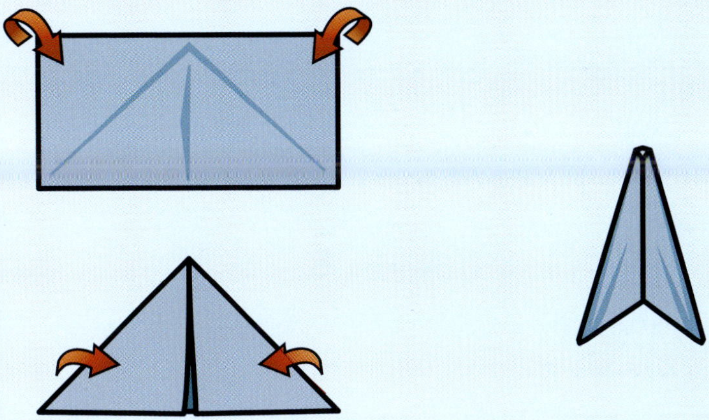

Der einfache Tafelspitz

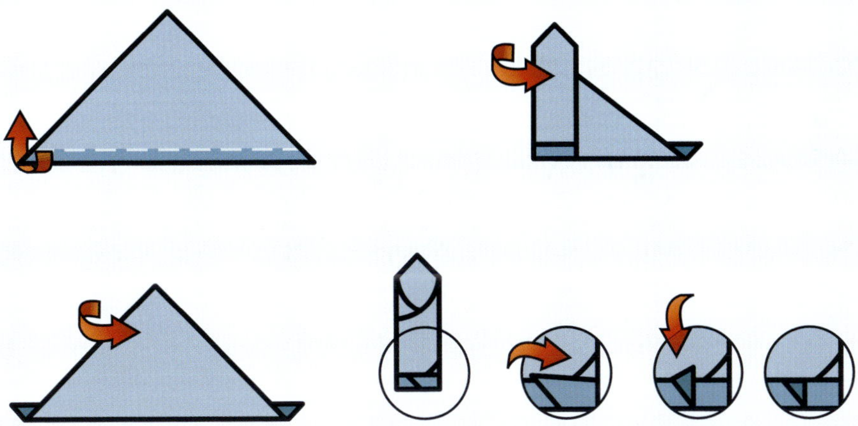

Die Säule

Nicht vergessen: die Accessoires

Nach den Gedecken kommen die Menü- und Platzkarten sowie Blumen- und Kerzendekoration auf den Tisch. Diese sollten sich in Farbe und Material harmonisch in das Gesamtbild einfügen. Wählen Sie Kerzen und Blumen, die nicht duften und den Blickkontakt der Gäste untereinander nicht erschweren.

Salz gilt nicht als Gewürz und darf von vornherein auf den Tisch gestellt werden, Gewürze und Aschenbecher hingegen werden nur bei Bedarf gereicht. Stellen Sie sie auf einem Beistelltisch bereit.

Zur Orientierung für Ihre Gäste: Tisch- und Menükarten

Da Sie Ihre Gäste als umsichtige Gastgeber beim Gang an den Tisch einweisen, benötigen Sie Tischkarten nur, wenn Ihre Gäste sich namentlich nicht kennen. Deshalb ist es sinnvoll, dass Sie sie doppelseitig mit dem Namen beschriften, den Fremde benutzen sollen. »Tante Inge« ist entsprechend unpassend. »Frau Dr. Schwarz« wirkt sehr förmlich, »Dr. Ilona Schwarz« weniger. Unter dem Aspekt des Gleichheitsgrundsatzes können manchmal sowohl akademische Grade als auch Mandatsbezeichnungen unterschlagen werden.

Zum einheitlichen Bild tragen Menükarten bei, die in Bezug auf Papier, Gestaltung und Schrift Ihrer Einladung – und später Ihrem Dankschreiben – entsprechen. Auf jeden Fall aber sollten sie auf Tischkarten und Tischwäsche abgestimmt sein. Beim For-

TIPP

Klassisch oder modern?

→ Nach klassischer Form werden auf der rechten Seite einer Doppelkarte die Speisen rechts und die Getränke links zentriert geschrieben, nach moderner Form linksbündig. Datum und Anlass nicht vergessen, Ihre Gäste nehmen eine für einen kleinen Kreis handschriftlich gestaltete Karte zur Erinnerung besonders gern mit nach Hause.

mat haben Sie verschiedene Möglichkeiten: Sie können ein DIN-A4-Blatt rollen, Sie können ein DIN-A4- oder DIN-A5-Blatt in der Mitte knicken oder nicht normierte Maße verwenden.

Die Menükarte dient Ihren Gästen dazu, einen Überblick über die kulinarischen Genüsse zu erhalten. Wählen Sie darum eine ansprechende, verständliche Ausdrucksweise und vermeiden Sie ein Sprachgemisch. Die Wendung »à la« ist überflüssig, wer will schon jede Zutat wissen? Anführungszeichen werden in der Gastronomie nur bei Fantasienamen verwendet, also schreiben auch Sie das Filet Wellington ohne, das Filet »Kirsten« hingegen mit Anführungszeichen.

Die Weine stehen immer auf der Höhe der Speisen, zu denen sie erstmalig gereicht werden. Sie können Kompetenz zeigen, indem Sie die Bestandteile des Hauptgangs in der gastronomisch korrekten Reihenfolge auflisten:

- das Fleisch oder ein anderer Hauptbestandteil,
- die Soße,
- die Gemüse (werden sie durch einen Salat ersetzt, steht der am Schluss) und
- die Sättigungsbeilage.

Im elegantesten Fall hat jeder Gast eine Menükarte auf oder vor seinem Couvert liegen, möglicherweise sogar mit seinem Namen beschriftet und von einem kleinen Gastgeschenk begleitet.

Eine vollendete Gastgeberin erkennt man daran, dass sie alle bevorzugt und niemanden benachteiligt.

[Vico von Bülow (Loriot) | *deutscher Satiriker*]

2

Kleine Lesehilfe

Amuse-gueule, Amuse-bouche:	kostenloser Appetithappen
Baden-Baden:	mit Wildrahmsauce und halbierter pochierter Birne, die mit Preiselbeeren oder Johannisbeergelee gefüllt ist
braisiert:	geschmort
Charlotte:	gebackener Obstpudding mit Früchten
Concassé von z. B. Tomaten:	grob zerkleinerte Tomaten
Consommé:	geklärte Kraftbrühe
Eclair:	längliches gefülltes Brandteiggebäck
Farce:	Füllung z. B. aus Fleisch, Fisch, Gemüse
Feuilleté:	Gebäckstück aus Blätterteig
Fleuron:	kleiner Halbmond aus Blätterteig
Florentiner Art:	mit Blattspinat und Mornay-Sauce (gebundene Käsesauce)
Försterinart:	mit Morcheln, Speck und Nusskartoffeln
Foie Gras:	Gänseleber
Gärtnerinart:	mit frischen Gemüsen umlegt, holländische Sauce
Galantine:	Rollpastete aus Fleisch oder Fisch
Hors d'oeuvre:	Vorspeise
Legiert:	(für Suppe oder Soße) mit Eigelb und Sahne gebunden
Mignardises:	Feingebäck, wird zum Kaffee gereicht
Müllerinart:	in Mehl gewendet, mit Butter und Zitronenscheiben
Parfait:	entweder Halbgefrorenes aus Eigelb, Sahne, Fruchtsaft usw. oder Feinkosterzeugnis, bei dem eine feine Farce z. B. mit Gänseleber und Aspik vermengt wird
Rossini:	mit Gänseleber und Trüffeln
Sabayon:	Weinschaum
Suprême:	das beste Stück z. B. von der Poularde
Tournedos:	kleine Scheibe vom Rinderfilet
Tranche:	Schnitte
Wellington:	in Blätterteighülle mit Trüffelsoße

Planung für Gourmets: das Essen

2

Das Ernährungsverhalten ist in den letzten Jahren bunt geworden; zum einen gibt es die Tendenz hin zu einer bewussteren Ernährung, zum andern sind verstärkt Vorlieben für innovative Produkte, Zubereitungsarten und Kombinationen zu beobachten.

Komponieren wie die Profis: die Menüzusammenstellung

Profiköche komponieren ihre Menüs nach folgenden Kriterien:

- ernährungsphysiologisch korrekt – nicht zu viel Fett, nicht zu viel Eiweiß – und geschmacklich aufeinander abgestimmt
- dem Gästekreis angemessen, beispielsweise müssen Anlass, Alter und Tageszeit Beachtung finden
- saisonal, mit Produkten, welche die Natur Ihrer Region in der gegebenen Jahreszeit hergibt
- den küchentechnischen Möglichkeiten angepasst: Was können Sie selbst zubereiten? Was können Sie zukaufen? Was kann eine gute Freundin für Sie vorbereiten?
- innerhalb des vorgegebenen Budgets

Die klassische Speisenfolge sieht dabei so aus:

- drei Gänge: Suppe – Hauptgang – Dessert
- vier Gänge: Vorspeise (kalt) – Suppe – Hauptgang – Dessert
- fünf Gänge: Vorspeise (kalt) – Suppe – Zwischengericht – Hauptgang – Dessert

Gottfried Lenz hat unter Eckart Witzigmann und Heinz Winkler gelernt. Ein Jahr, nachdem er Küchenchef im Münchner Preysingkeller geworden war, wurde er mit einem Michelin-Stern dekoriert. Heute verwöhnt er als Leiter der Verpflegungsdienste im Casino von »Swiss Re Germany« Besucher aus dem In- und Ausland.

Herr Lenz, worauf soll ich beim Anrichten achten?

Esskultur und Tischkultur müssen eine Einheit bilden. Die einzelnen Komponenten müssen klar erkennbar bleiben; trotz aller Kreativität muss der Geschmack im Vordergrund stehen. Überladen Sie die Teller nicht, lassen Sie keine Wirtshausmentalität aufkommen!

Was kann und muss ich tun, wenn ich eine winzige Küche habe?

Machen Sie sich einen strategischen und logistischen Plan. Was können Sie vorbereiten, welche Arbeitsschritte sind erst kurz vor dem Service durchzuführen? Schließlich: Wenn was danebengeht, wie reagiere ich? Und dann: Arbeiten Sie sauber und übersichtlich!

Was sollte eine Laien-Köchin unbedingt unterlassen?

Rezepte sind kein Evangelium, nur beim Backen sollte man sich an bewährte Rezepturen halten und nicht zu viel experimentieren. Sie brauchen auf jeden Fall eine Portion Liebe zum Produkt. Informieren Sie sich bei Ihrem Händler über die Rohstoffe, mit denen Sie arbeiten, kochen Sie saisonal. Es muss nicht unbedingt das außergewöhnliche, ausgewählte Produkt sein, das Sie in einer Rezeptangabe vorfinden. Versuchen Sie nicht, die Profiköche zu kopieren, bringen Sie eigene Ideen ein. So lernen Sie an Ihren Aufgaben und damit wächst Ihr Selbstbewusstsein. Lassen Sie sich von etwaigen Fehlern nicht entmutigen. Viele heute bekannte Gerichte sind durch Fehler in der Produktion entstanden!

Führen Sie sich bei Ihrer Menüzusammenstellung Ihren Gästekreis plastisch vor Augen: Wie wird Tante Hanna reagieren, wenn Sie ihr eine ganze Artischocke zum Abzupfen vorsetzen? Wie Onkel Wolfgang, wenn er bei Ihnen erstmalig einem Bachkrebs begegnet? Konfrontieren Sie nur geübte oder abenteuerlustige Gäste mit exotischen Tieren und Pflanzen.

Köstlich kochen

Die goldene Regel der klassischen Menükunde lautet: Wechseln Sie ab. Halten Sie sich daran und variieren Sie innerhalb Ihres Menus die Roherzeugnisse, die Zubereitungsarten, die Geschmacksrichtungen und die Farben. Das ist sogar bei einem vegetarischen Menü möglich. So schlägt Gottfried Lenz zum Beispiel vor:

Avocadoscheiben mit rosa Pfeffer in Pinienkern-Vinaigrette *** Rote-Bete-Ravioli in Meerrettichsoße mit gedämpften Feldsalat *** Gemüsestrudel mit Sauerampfersoße *** Cavaillon-Melone mit frischen Beeren gefüllt.

Auf dem Teller werden die Speisen wie auf einem Zifferblatt angerichtet: Fisch oder Fleisch liegen dabei auf der 6, die Sättigungsbeilage (Nudeln, Kartoffeln, Reis …) auf der 10 und das Gemüse auf der 2. Kreative Köche halten sich heute jedoch nicht mehr unbedingt an diese Empfehlungen.

Welche Mengen pro Person Sie vorsehen sollten

Wie viel Ihre Gäste essen, hängt von ihrem Alter, ihren Essgewohnheiten, ihrer Tagesform, der Jahres- und der Tageszeit und vor allem von Ihren Kochkünsten ab. Beispielsweise essen zwei Kinder so viel wie ein Erwachsener und ein Jugendlicher kann so viel wie zwei Erwachsene essen. Bei aller Vorsicht haben sich im Mittel diese Mengen bewährt:

» DIESE MENGEN HABEN SICH BEWÄHRT	
Austern	als einzelne Vorspeise sechs auf dem Meeresfrüchteteller drei
Beilagen	Gemüse zirka 250 Gramm Kartoffeln 150 bis 200 Gramm Teigwaren 50 bis 100 Gramm Reis 50 bis 100 Gramm
Fisch	wenn er als Ganzes auf den Tisch kommt: zirka 250 Gramm; Fischfilet: 150 bis 250 Gramm
Fleisch	Filet, Schnitzel, Gulasch, Steak: 150 bis 200 Gramm mit Knochen: 200 bis 300 Gramm
Krebse oder Crevetten	als Vorspeise 6 bis 12 Stück als Hauptgericht 12 bis 18 Stück
Muscheln	in den Schalen als Hauptgericht 1 bis 1,5 Kilogramm
Obst	im Nachtisch zirka 125 Gramm
Sauce	ein achtel bis ein viertel Liter
Suppe	allein vor der Hauptspeise ein viertel Liter innerhalb eines mehrgängigen Menus ein achtel Liter
Teigwaren	als Zwischengericht 125 bis 150 Gramm

Praktisch, flexibel, gut: das Büfett

Ein gesetztes Essen, bei dem alle Gäste an ihrem Platz bedient werden, ist die traditionelle Bewirtungsform und bei festlichen Anlässen immer noch der Favorit: der Komfort für die Gäste ist unübersehbar, intensive Gespräche mit Tischnachbarn werden gefördert. Gastgeber, die sich weniger um das Essen als um ihre Gäste kümmern wollen, nutzen jedoch immer häufiger ein Essen mit Büfett. Gäste, die ihre Speisen gern individuell wählen und flexibel beim Gang zum und vom Büfett ihre Gesprächspartner wechseln möchten, sind ihnen dankbar dafür.

Ja oder Nein: Vorentscheidungen für Büfetts

Sie wollen Ihnen wichtige Menschen zu bestimmten – vielleicht geschäftlich relevanten – Zwecken um einen Tisch herum zusammenführen? Servieren Sie am Platz! Sie möchten mit vielen Menschen in verschiedenen Räumen Ihrer Wohnung feiern? Bauen Sie im Esszimmer, in der Küche oder auf der Terrasse das Büfett auf und lassen Sie gut gemischte Gruppen in Ihren Räumen oder im Garten zusammenkommen. Oder nutzen Sie die Vorteile beider Varianten: Lassen Sie Ihren Gästen für Vorspeisen und Dessert die Wahl am Büfett und servieren Zwischengericht und Hauptspeise am Tisch.

2

So wird Ihr Büfett ein Erfolg

Nehmen Sie als Basis Ihr Sideboard oder den kostbaren Eichentisch, schützen Sie Ihr wertvolles Mobiliar mit einer Moltonschicht und Tischtüchern. Tapeziertische oder Holzplatten auf gestapelten Getränkekisten sind kreative Alternativen. Stellen Sie umgedrehte Blumenkübel und Bücherstapel darauf. Mit Stoff verkleidet, ergeben diese einen ansehnlichen Etageneffekt.

Es gehört zu Ihren Pflichten als Gastgeber, die Eröffnung des Büfetts für alle Gäste hörbar anzukündigen und Ehrengäste als Erste dorthin zu begleiten. Essen Sie gemeinsam mit den Ehrengästen, bedienen Sie sich nach ihnen und vor den übrigen Gästen. Andernfalls sorgen Sie bei Bedarf für Hilfe und Nachschub und bedienen sich ganz zuletzt.

TIPP

Über den Tellerrand geschaut

→ Küchenchef Peter Wende aus Freiburg hat viele Jahre bei Hilton International gearbeitet und dabei in aller Welt kulinarische Erfahrungen gesammelt: »Wenn Sie fremdländisch kochen, muss das authentisch sein. Sie brauchen einschlägige Literatur und die originalen Zutaten. Sie können nicht einfach frischen Koriander durch Petersilie ersetzen.«

Ein Prosit …

Seit alters sagen die Chinesen: Man hat für zu üppige Gaben keine Verwendung. Steht diese Einschätzung nicht im krassen Widerspruch zu dem Bedürfnis der Gastgeber, ihren Gästen nur das Beste zukommen zu lassen? Keineswegs! Achten Sie einfach mit Fingerspitzengefühl darauf, dass Sie Ihre Gäste nicht überfordern. Nötigen Sie sie nicht – vor allem nicht, indem Sie sie immer wieder auffordern, Alkohol zu trinken. Und erschlagen Sie sie nicht mit Informationen über die Bedeutung von Weinen, von deren Existenz Ihre Gäste nicht einmal träumen konnten. Genuss teilen heißt nicht: mit Lebensart protzen.

Was Sie als »Weinnase« wissen sollten

Für einen Abend sehen Sie eine halbe bis eine ganze Flasche Wein pro Person vor. Zum Mittagessen reicht ein Glas pro Gast. Seien Sie großzügig, stellen Sie lieber eine Flasche zu viel als zu wenig bereit.

Schenken Sie maximal bis zur bauchigsten Stelle des Glases ein, füllt eine Weinflasche ungefähr sechs Weingläser. Beim Ein- oder Nachschenken bleibt das Glas auf dem Tisch stehen, nur ein großes Rotweinglas wird der Sicherheit halber vom Tisch genommen und hinter der rechten Schulter eines Gastes eingeschenkt.

Der Ausdruck »Zimmertemperatur« stammt aus Zeiten, zu denen es keine Zentralheizung gab. Einen guten Wein neben die Heizung zu stellen erfüllt den Tatbestand der Majestätsbeleidigung. Nur gehaltvolle Rotweine aus Burgund, Bordeaux, Italien und Übersee chambrieren Sie auf 16 bis 18 Grad. Gereifte andere Rote wie der Chianti oder ein Côte du Rhône sind bei 15 bis 16 Grad richtig. Leichte Rotweine, große

Chardonnays und weiße Burgunder kühlen Sie auf 10 bis 12 Grad. Weiße Spätlesen und Rosé sind bei 8 bis 10 Grad richtig, Schaumweine und leichte, trockene, säurebetonte Weißweine dürfen bis 6 Grad kalt sein. Bedenken Sie, dass es dabei um die Temperatur im Glas geht, die Flasche sollte entsprechend etwa zwei Grad kälter sein.

Glas ist nicht gleich Glas

In einem guten Wein sind bis zu 800 Aromastoffe nachweisbar. Damit ein Glas diese ins rechte Licht rücken kann, sollten Sie Weingläser unter folgenden Prämissen einkaufen:

- Ein für die Region typisches Glas ist für den Wein der Region ideal.
- Je körperreicher und dunkler der Wein, desto größer darf das Glas sein. Rosé wird gekühlt und aus Rosé- oder Weißweingläsern getrunken.
- Ein farbloses und dünnwandiges Glas lässt Farbe und Geschmack unverfälscht zur Geltung kommen.
- Ein nach oben zulaufender Kelch hält die Aromastoffe selbst beim Drehen im Glas.
- Ein ausreichend langer Stiel verhindert den Einfluss Ihrer Handtemperatur auf den Glasinhalt.

Burgunder-glas Bordeaux-glas Weißwein-glas Dessertwein-glas

- Als Mehrzweckglas in einem kleinen Haushalt hat sich die bauchige Eiform mit der Öffnungsweite von sechs bis sieben Zentimetern als am geeignetsten erwiesen.
- Eine gute Fachverkäuferin berät Sie gern. Zur Vorbereitung des Einkaufs besuchen Sie im Internet www.riedelcrystal.com oder www.spiegelau.com.

Machen Sie doch einmal im Freundeskreis eine Glas-Weinprobe: Schenken Sie einen Wein für jeden Gast in verschiedene Gläser ein und vergleichen Sie. In einem Glastyp wird er den meisten unter Ihnen am besten munden.

Das Wissen der Experten

Dass sich über Geschmäcker schlecht streiten lässt, wussten schon die Römer. Ob sie da an den Weingenuss gedacht haben? Trotz aller Individualität gibt es allerdings in einigen Aspekten Konsens, den naturwissenschaftliche Erkenntnisse stützen. Ihr Gehirn kann unter den Eindrücken, die Ihre Geschmacksnerven ihm bieten, einen schwachen Reiz vor einem starken Reiz besser verarbeiten als danach. Darauf beruht der Rat der Wein-Experten,

- stark gekühlte vor weniger kühlen Weinen,
- weiße Weine vor roten Weinen,
- junge Weine vor alten Weinen,
- leichte Weine vor kräftigen Weinen

zu trinken.

Außerdem empfehlen die Önologen:

- Stimmen Sie einen Wein mit der intensivsten Geschmackskomponente einer Speise ab.
- Säure nimmt dem Fett die Schwere, deshalb passt Riesling gut zu fetten Braten.

- Süße Weißweine mildern Schärfe und Bitterkeit; trinken Sie sie zu Speisen, die Artischocken, Oliven, Peperoni usw. enthalten.
- Tannin federt Gerbsäure ab. Deshalb passen Barolo und Bordeaux so gut zu Lamm, das viel Eiweiß enthält.

Ebenfalls gut zu wissen: Deutsche Weine sind nach dem Weingesetz nach steigender Qualität klassifiziert in:

- Deutscher Tafelwein
- Landwein
- Qualitätswein bestimmter Anbaugebiete (QbA)
- Qualitätswein mit Prädikat (QmP). Je nach natürlichem Zuckergehalt tragen diese Weine in aufsteigender Reihenfolge weitere Zusätze:
  - Kabinett
  - Spätlese
  - Auslese
  - Beerenauslese
  - Eiswein

Aktuelle Informationen zu Prädikatsweinen bietet der Verband der Prädikatsweingüter VDP auf www.vdp.de.

Was trinken Sie wozu?

- MEERESTIERE: Austern wollen mit frischem, kühlem Muscadet gegessen werden, Kaviar bitte hingegen mit einem körperreichen weißen Burgunder oder einem Jahrgangschampagner. Geräucherter Fisch wie Aal und Lachs schmecken am besten mit einem kraftvollen Weißen ohne viel Säure. Zum süßlichen Fleisch von Krustentieren passen ebenfalls weiße Weine mit wenig Säure. Zu pochiertem Fisch trinken Sie den in der Sauce enthaltenen Wein. Gebratenen Fisch begleiten Sie mit Weiß- oder Grauburgunder, einem Chardonnay mit leichtem Barrique-Ton oder einem leichten Rotwein ohne viel Tannin.

→ **SUPPE:** Hierzu benötigen Sie keinen eigenen Wein. Bleiben Sie beim bereits servierten Wein oder trinken Sie schon jetzt den Wein, der zum folgenden Gericht passen wird.

→ **GEFLÜGEL:** Gekochtes Huhn harmoniert mit Riesling und Silvaner, gebratenes Huhn mit Chardonnay, Weiß- und Grauburgunder und einem leichten Rosé aus Deutschland, von der Loire oder aus dem Rhône-Tal. Zu Gans und Ente werden Ihnen je nach Zubereitungsart gehaltvolle Weiße aus der Pfalz oder Grands Crus aus dem Elsass bis hin zu Roten aus dem Rhône-Tal, dem Burgund oder Bordeaux munden.

→ **FLEISCH:** Zu Kalb reichen Sie je nach Zubereitungsart – wie auch zu Wildgeflügel und Wild – weiße oder graue Burgunder oder einen leichten Roten. Lamm und Rind finden je nach Zubereitungsart in mehr oder weniger kräftigen Roten ihre ideale Begleitung.

→ **DESSERT:** Hierher passt Champagner in der Demi-sec-Version, zu roten Beeren auch ein rosé Crémant oder Champagner. Schokoladen-Desserts servieren Kenner mit einem Vin doux naturel aus dem Roussillon oder einem Orangenlikör. Der Wein muss süßer sein als das Dessert, sonst schmeckt er bitter. Oder Sie bleiben beim Bordeaux.

Zur Harmonie von Wein und Speise tragen bei:

→ **DIE ZUBEREITUNGSART:** Wird das Fleisch oder der Fisch gebraten, gekocht, gedünstet oder unter der Kräuterkruste gebacken?

→ **DIE BEILAGE:** Kartoffelkroketten oder Tagliatelle mit Tomatensauce? Karotten oder Chicoree?

→ **DIE SAUCE:** Riesling oder gebräunte Schalotten?

Zu einem mehrgängigen Menü werden nach der klassischen Getränkefolge Aperitif, Weißwein, Rotwein und Digestif gereicht. Nur bei großen Festen werden mehrere Weiße und/oder verschiedene Rote und ein Dessertwein serviert. Zu Käse kann Rotwein oder eine Beeren- und Trockenbeerenauslese ein harmonischer Begleiter sein.

Edelsüße Weine wie Sauternes und Beerenauslesen harmonieren auch mit der Gänseleber-Terrine, zur gebratenen Gänseleber wählt der Kenner eine Spät- oder Auslese mit Restsüße.

Alternativen zu Wein

So wie zum Spanferkel am Lagerfeuer am besten ein kühles Pils passt, freuen sich Ihre Gäste zum scharfen indischen Curry an dem ablöschenden Joghurtgetränk Lassi: Was traditionell zu einem Gericht getrunken wird, ist auch für Sie hier und heute gut.

Wer keinen Alkohol trinkt, ist mit süßen Fruchtcocktails und Limonaden schlecht bedient. Diese beeinträchtigen die Geschmackserlebnisse, nicht nur Orangensaft legt sich wie ein Film auf die Papillen. Bieten Sie zum Aperitif generell auch alkoholfreie Bittergetränke wie Sanbitter mit Soda oder Tonic sowie Gemüsesäfte an. Ganz aktuell: alkoholfreie Caipirinha! Apfel- und Johannisbeerschorle können Sie auch zum Essen reichen. Nach dem Essen bleiben abstinente Personen bei Kaffee oder Tee, gern auch Kräutertee.

Auch Mineralwasser ist derzeit in. Die Wahl zwischen Wasser mit oder ohne Kohlensäure treffen Gäste gern selbst. Wasser aus dem französischen Massif Central und aus den schottischen Highlands steht hoch im Kurs. Statt Plastikflaschen nehmen Sie einen dekorativen Krug. Kein Eis. Keine Zitronenschnitze.

TIPP

Die andere Seite: Pflichten des Gastes

→ Halten Sie nicht protestierend die Hand über Ihr Glas, wenn Ihr Gastgeber Ihnen gegen Ihren Willen Alkohol einschenken möchte. Sagen Sie im Vorfeld Bescheid, dann kann der Gastgeber entweder für Sie nur ein Wasserglas eindecken oder Ihnen Ihr Alternativgetränk in ein Weinglas einschenken, so dass Sie beim Zuprosten nicht aus dem Rahmen fallen.

Karl-Heinz Schopf ist Sommelier im Gourmet-Restaurant von »Brenner's Park-Hotel & Spa« in Baden-Baden. Der Profi soll einem jungen Paar helfen, zur Haushaltsgründung einen Weinkeller anzulegen. Das Budget ist auf 1.000 Euro begrenzt.

Herr Schopf, was sollen die beiden Einsteiger kaufen?

Bei allen individuellen Vorlieben gibt es generelle Aspekte zu bedenken. Für den Anfang reichen achtbare, doch nicht unbedingt hochpreisige Weine aus, die sich in einen kulinarischen Anlass einfügen. Die Auswahl für die Weine des täglichen Genusses kommt zuerst; den Lieblingswein muss man im Fachhandel oder beim Winzer nachkaufen können.

Welche Hauptkriterien müssen die Wein-Lehrlinge beachten?

Werden in der Herkunfts- oder beliebten Urlaubsregion Weine produziert, bilden diese sicherlich die Grundlage. Um Genaues zu raten, müsste man die geschmacklichen Präferenzen kennen. Schätzen sie Tannin? Dann müssen kräftige Bordeaux her. Ziehen sie einen abgerundeten Geschmack vor? Dann kaufen sie Burgunder.

Was lehrt uns das Etikett?

Sie finden dort immer – zugegebenermaßen nicht immer gleich genaue – Angaben über Sorte, Herkunft und Klasse eines Weines. Nur die Qualitätsstufe ist stets erwähnt. Sprechen Sie mit Ihrem Weinhändler. Die Qualität eines Weines entsteht aus dem Zusammenspiel von Traubensorte, Klima, Boden, Weinjahrgang, der Kunst des Kellermeisters und der Lagerung. Das kann nur der Fachmann wissen.

Wie können die jungen Leute das Weintrinken lernen?

Trinken müssen sie! Und dabei ein Weintagebuch führen – mit allen Geschmackserlebnissen um den jeweiligen Wein herum. Weinproben im Freundeskreis und im Weinfachhandel führen sie weiter. Sie können auch Seminare beim Deutschen Weininstitut und bei einzelnen Weingütern besuchen. Die heutige Zeit ist schnelllebig, auch was den Wein angeht. Die Homepage www.wein-plus.de mit ihren vielen Links zu Winzern, Fachzeitschriften usw. hält Sie immer auf dem neuesten Stand der Entwicklungen.

Wie sollen die beiden ihren Fundus im Lauf der Zeit aufstocken?

Gegenfrage: Haben sie einen guten Keller?

Rückfrage: Wann ist ein Weinkeller gut?

Der Raum muss dunkel und frei von störenden Gerüchen sein: Das Frostschutzmittel fürs Auto hat in einem Weinkeller nichts zu suchen. Eine Temperatur von circa 12 Grad Celsius ist ideal und eine Luftfeuchtigkeit von 60 bis 70 Prozent. Weine immer liegend lagern, damit die Korken nicht austrocknen! Sonst würde Luft in die Flasche eindringen. Um den Überblick über die Menge und die geschmackliche Entwicklung des Bestands führen sie am besten ein Kellerbuch.

Die Bedingungen sind gegeben.

Hochwertige Weine für festliche Anlässe werden den Alltagsweinen automatisch folgen. Außerdem sollten sie junge Originalabfüllungen zu Einführungs- oder sogar Subskriptionspreisen einkaufen und bis zur Trinkreife lagern. Wenn sie die Flaschen dann öffnen, haben sie ein Vermögen gespart. Wenn sie sie dann verkaufen, habe sie es verdient.

Welche der Weine sollen sie dekantieren?

Früher wurden nur alte Bordeaux aus ihrer Flasche in eine Karaffe umgefüllt. Die Gründe lagen auf der Hand: 1. Wein, der Zeit zum Atmen hat, kann sich entfalten. 2. Bei der Reifung entstandenen Ablagerungen – das Depot – im Glas würden den Trinkgenuss beeinträchtigen. Heute weiß der Genießer: Das Umfüllen des Weines setzt auch bei jüngeren Burgunderweinen und gehaltreichen weißen Weinen Aromen jenseits des oft herben Barrique-Geschmacks frei.

Eine persönliche Frage noch: Welche Fehler sollten die jungen Leute vermeiden, wenn sie einen anerkannten Profi wie Sie einladen?

1. Bitte nicht die geschliffenen Bleikristallgläser mit farbigem Stiel von der Erbtante.

2. Keinen Wein vom Discounter als einen großen Wein anpreisen, vor dem man in die Knie gehen sollte.

3. Nicht Korkschmecker als Terroir bezeichnen.

3

Willkommen, bienvenue, welcome

→ Sie haben den Countdown der letzten halben Stunde vor dem Eintreffen Ihrer Gäste – hoffentlich – genutzt, um sich zu entspannen. Gerade für Single-Gastgeber ist dieser Puffer nützlich: Sie werden alle Hände voll zu tun bekommen! Jetzt brauchen Sie nur noch die Kerzen anzuzünden und im Spiegel Ihr Outfit zu prüfen. Es kann losgehen!

Die Gäste kommen!

Empfinden Sie ein Empfangskomitee als zu förmlich? Dann erinnern Sie sich bitte an eine Einladung, bei der Sie den Gastgeber suchen mussten und nach einer flüchtigen Begrüßung auf sich gestellt waren. Ersparen Sie das Ihren Gästen. Gehen Sie ihnen entgegen – je mehr Wertschätzung Sie ihnen entgegenbringen wollen, desto weiter. Ob sie an der Wohnungstür, der Haustür, am Gartentor oder am Parkplatz empfangen werden, macht für Ankommende durchaus einen Unterschied. Machen Sie wiederum keinen Unterschied, heißen Sie alle an der gleichen Stelle willkommen.

Damit Ihre Gäste sich bei Ihnen gut aufgehoben fühlen: die Begrüßung

Im deutschsprachigen Raum ist unter Erwachsenen eine Begrüßung mit Handschlag üblich, als Gastgeber reichen Sie Ihren Gästen die Hand. Kommen mehrere Gäste, begrüßen Sie sie der Reihe nach. Sollten zwei oder mehrere Personen wider Erwarten exakt nebeneinander stehen,

- bekommt ein bekannter Gast Ihre Hand zuerst, damit er Ihnen den noch unbekannten vorstellen kann,
- ein wesentlich älterer Gast Ihre Hand vor dem jüngeren,
- eine Dame Ihre Hand vor dem Herrn.

Weisen Sie niemals eine Ihnen entgegengestreckte Hand zurück.

Tragen Gäste Mäntel, bieten Sie an: »Darf ich Ihnen den Mantel abnehmen?« Schauen Sie genau hin, was die jeweilige Person wünscht: Bleibt sie frontal stehen, wird sie Ihnen den Mantel anreichen, damit Sie ihn versorgen können. Dreht sie Ihnen die Schulter zu, heißt das: Sie sollen ihr aus dem Mantel helfen. Korrekterweise übernimmt jedoch ein Mann das für seine Partnerin, und Sie nehmen von ihm beide Mäntel entgegen.

So bringen Sie Ihre Gäste zusammen

Damit bereits anwesende Gäste sich während der Ankunft weiterer Personen nicht als Notgemeinschaft fühlen, ermöglichen Sie umgehend ein geselliges Miteinander:

- Stellen Sie die Gäste einander vor. Informieren Sie zuerst die anwesenden Personen über die ankommenden: »Hier kommt Lore Abel, meine Cousine aus Wuppertal, mit ihrem Mann Jürgen Abel.« Dann informieren Sie die Hinzugekommenen: »Das ist mein Freund Lothar Voss, mit ihm habe ich zusammen studiert.«
- Geben Sie den nunmehr neuen Bekannten Hinweise auf Gemeinsamkeiten und erleichtern Sie ihnen damit den Gesprächseinstieg: »… auch sie verbringen ihre Ferien am liebsten an der Nordsee.«
- Bei einem festlichen Anlass bieten Sie Ihren Gästen an, sich Blüten anzustecken. Automatisch entstehen Gespräche: »Zeigen Sie mir bitte, wie Sie das machen?« Oder: »Darf ich Ihnen helfen?« Die gemeinsame Aktivität bricht umgehend das Eis.

TIPP

Nicht übertreiben

- Begrüßen Sie normalerweise die einen Gäste mit Küsschen-Küsschen, die anderen nicht, bleiben Sie bei der unter Ihnen üblichen Form. Sie brauchen aber vor Zeugen weder die Herzlichkeit beim Bussi-Bussi-Austausch noch die Förmlichkeit beim Handschlag zu übertreiben.

Haben Sie mehrere Gäste in eine große Wohnung eingeladen, brauchen Sie Hilfe: Während ein Gastgeber für den Empfang der Ankommenden zuständig ist, kümmert sich der andere – beziehungsweise sein als solcher designierter Vertreter – um die Anwesenden.

Öffnet den Magen und löst die Zunge: der Aperitif

Das französische Wort »Apéritif« drückt seinen Zweck aus: Er soll den Magen für das Essen öffnen. Öffnen Sie Ihren Gästen die Tür zu dem gemeinsamen Essen.

Empfangen Sie wenige Gäste, die gleichzeitig erscheinen, öffnen Sie in deren Beisein eine Flasche gut gekühlten Schaumwein, gemeinsam Publikum zu sein vereint. Reichen Sie jedem sein Glas, prosten Sie allen zu – der ideale Augenblick für eine Begrüßungsansprache.

Haben Sie viele Personen zu Gast, stellen Sie die Getränke auf einem Tablett bereit. Bieten Sie jedem Ankommenden etwas zu trinken an. Während Sie Augenkontakt mit ihm haben, lenken Sie seinen Blick mit dem Ihren auf die übrigen Gäste. So vernetzen Sie ihn gleichzeitig mit ihnen. Ihre Ansprache halten Sie erst, wenn alle Gäste erschienen sind.

Übrigens: In Frankreich bedeutet eine Einladung »pour l'apéritif«, dass Sie außer einem üppigen Aperitif mit kleinen Speisen nichts erwarten dürfen. Nach einer Stunde verabschieden sich die Gäste, um ihren nun geweckten Hunger zu stillen. Warum laden Sie nicht einmal, wenn Sie mit Freunden essen gehen, zuvor »zum Aperitif« bei sich daheim ein?

Mit dem Canapé in der Hand

Baguettestücke mit rohem Schinken und Dosenspargel sind als Cocktailhappen ungeeignet, wer kann da nicht aus leidvoller Erfahrung sprechen? Bieten Sie Ihren Gästen ausschließlich Speisen an, die sie mühelos verzehren können.

- Ein Canapé ist streng genommen ein kleines Stück Weißbrot, das so belegt ist, dass Sie maximal einmal abbeißen müssen.
- Chinesische Suppenlöffel mit Fisch-, Gemüse- oder Fleisch-Mousse und kleinen Salaten sind en vogue. Testen Sie ein paar Tage zuvor, ob Menge und Konsistenz jeweils mundgerecht sind.
- Kalte Suppen in kleinen Tassen und Gläsern sind Farbtupfer und werden ebenfalls immer beliebter.
- Käsegebäck und Chips können Ihre Gäste mit den Fingern fassen, zu Nüssen und Mandeln gehören kleine Servierlöffel.
- Findet der Empfang nicht vor einem Essen statt, sind auch süße Naschereien sehr beliebt.

Richten Sie die Speisen auf Tabletts so an, dass sich die Gäste leicht bedienen können – Servietten nicht vergessen. Sticks und Olivenkerne müssen ohne weiteres auf als solchen ausgewiesenen Ablagetellern entsorgt werden können.

Denken Sie an Ablageteller und ausreichend Abstellfläche

Bieten Sie ein umfangreiches Stehbüfett, stellen Sie genügend Bistrotische bereit, nicht alle Ihre Gäste haben einen Jonglierkurs für den Umgang mit Glas, Teller und Besteck besucht. Und stellen Sie Ihre Fensterbänke als Abstellfläche zur Verfügung. Als Alternativen bietet der Fachhandel Klammern, mit denen Sie ein Glas an einem Tellerrand fixieren können, so dass eine Hand zum Essen oder Händeschütteln frei bleibt.

Wenn Gäste zu spät kommen

Mit dem Essen auf verspätete Gäste zu warten ist ein Affront gegenüber denen, die pünktlich erschienen sind. Da aber gerade bei langen Anfahrtswegen und in großen Städten nicht immer alle Unwägbarkeiten ausgeglichen werden können, planen Sie sicherheitshalber eine gute halbe Stunde für den Aperitif ein. Wer in letzter Minute eintrifft, muss dann einfach schnell trinken.

Bewirten Sie Ihre Gäste zur Begrüßung im Stehen, in einer kleinen Wohnung ruhig auch im Flur oder auf dem Balkon. Durch Ortswechsel, Begrüßen, Vorstellen und Zuprosten entsteht so ein geordnetes Chaos, das vor allem dem Überblick – und nicht nur der zeitlichen Überbrückung – dient. Führen Sie hier vor allem Gäste zusammen, die bei Tisch nicht zusammensitzen werden.

Fehlen Gäste 20 Minuten nach dem offiziellen Beginn immer noch, ohne eine Nachricht hinterlassen zu haben, entscheiden Sie, wie wichtig diese Personen für Sie und für den Anlass sind. Einen Ehrengast sollten Sie telefonisch zu erreichen versuchen. Gemäß der Antwort auf Ihre Frage »Wie weit bist du?« oder » Wo stehen Sie denn im Stau?« fügen Sie die Information hinzu, dass Sie »nämlich schon fast mit dem Aperitif fertig sind«. Ein höflicher Mensch bittet Sie dann, mit dem Gang an den Tisch nicht zu warten. Ein wenig höflicher Mensch überhört Ihre Bitte um Entlastung; wollen Sie ihm tatsächlich die Ehre erweisen, auf ihn zu warten? Ein wirklich höflicher Mensch hätte Sie längst über seine Verspätung informiert.

→ SICHER IST SICHER

→ Sehr förmlich schicken Sie bei langfristigen Einladungen etwa zwei Wochen vor dem Fest bei erfolgter Zusage ein Kärtchen mit dem Vermerk »p.m./pour mémoire« (zur Erinnerung).

→ Bei mündlichen Einladungen mit langer Vorlaufzeit genügt ein kurzfristiger Anruf: »Wir sehen uns morgen um halb acht, wir freuen uns schon.« Oder: »Haben Sie unsere Anfahrtsskizze erhalten? Bis Montag um 19.30 Uhr dann, Sie können vor unserer Einfahrt parken.«

→ Nicht alle Nationen interpretieren eine Verabredung gleich, für Südamerikaner gelten bis zu 60 Minuten nach der angegebenen Zeit als angemessen. Sprechen Sie das Thema im Voraus an.

Das ist aber reizend: mit Geschenken umgehen

Nehmen Sie ein Mitbringsel mit voller Konzentration entgegen und danken Sie dafür. Legen Sie es niemals achtlos beiseite, richten Sie bei größeren Festen einen Geschenketisch ein. Stellen Sie in diesem Fall mehrere Vasen bereit, füllen Sie sie schon mit Wasser. Ein Strauß ist ein Kunstwerk, bitte niemals mehrere Sträuße in eine Vase stopfen! Ein Päckchen Post-its und ein Stift in der Tasche sind ein Muss. Markieren Sie so die Geschenke und Sträuße, die ungeschickterweise ohne Karte überreicht wurden, können Sie sie später identifizieren und dem Schenkenden angemessen danken.

Bei familiären Feiern nicht nur im kleinen Kreis erwarten die Gäste, dass Sie die Geschenke vor ihren Augen auspacken. Nutzen Sie das für eine kleine Unterhaltungseinlage. Lassen Sie sich beim Entfernen der Verpackung helfen und begutachten Sie öffentlich Stück für Stück. Kommentieren Sie jedes Geschenk gleichermaßen positiv und ausführlich und selbstverständlich in persönlichen spontanen Worten. Fürchten Sie hier einen Ideenmangel, holen Sie mit der Hilfe eines Synonymwörterbuchs ähnliche Ausdrücke für »schön – interessant – reizend – spannend – passend« aus dem passiven in Ihren aktiven Wortschatz zurück. Mit Sicherheit ergeben sich Kommentare der Schenker wie der Zuschauer dazu. Der Aperitif oder der Zeitraum zwischen Hauptgang und Dessert sind hierfür ideal. Übrigens: Haben Gäste – oder auch Eingeladene, die abgesagt haben – ein Geschenk geschickt? Sie können es hier ebenfalls präsentieren.

Eine gute Gelegenheit, um seinen Wortschatz zu vergrößern

Die meisten Gäste sind für einen Hinweis über ein Geschenk, das Ihnen Freude machen wird, dankbar. Sie brauchen also entsprechende Fragen nicht zögerlich zu beantworten, wenn Sie eine Antwort wissen: der jüngste Bestseller eines bekannten Autors, die neueste CD Ihrer

Lieblingsband, Tulpenzwiebeln für den neuen Garten … Ausformulierte Wunschlisten dagegen sind vorwiegend bei Festen mit Initiationscharakter wie Konfirmation und Hochzeit üblich.

Bei runden Geburtstagen oder Ihrer Silberhochzeit können Sie Ihre Gäste um eine Spende für einen guten Zweck bitten. Geben Sie auf der schriftlichen Einladung ein Spendenkonto an oder weisen Sie darauf hin, dass Sie einen Behälter für Geldspenden aufstellen werden.

Einfallsreich und ansprechend: Ihre Begrüßungsrede

Für wenig geübte Rednerinnen und Redner ist der Einstieg der schwierigste Schritt. Machen Sie es sich nicht so schwer: Schweigen Sie! Gehen Sie an eine Stelle, an der alle Gäste Ihr Gesicht sehen und später Ihre Worte hören können. Öffnen Sie leicht Ihre Arme, blicken Sie in die erwartungsvollen offenen Gesichter, erwidern Sie die Blicke. Atmen Sie tief aus. So tanken Sie die Energie, die Sie für Ihre ersten Worte brauchen.

Vermeiden Sie, sich mit dem Klopfen eines Besteckteils an Ihr Glas Gehör zu verschaffen. Treten Sie mit festem Schritt vor und beginnen Sie. Bei einer größeren Gruppe beauftragen Sie einen guten Freund, für Ruhe zu sorgen, sobald Sie an Ihrem Rede-Punkt stehen.

Das erste Wort

Investieren Sie den größten Teil der Vorbereitungszeit in den Einstieg. Sind Ihre Gäste einmal motiviert, Ihnen zuzuhören, hält das Interesse eine Weile an. Das machen Sie zum Beispiel so:

- Überlegen Sie sich eine Frage, die Ihre Gäste zum Denken anregt.
- Thematisieren Sie die Gemütslage Ihrer Gäste.
- Wählen Sie ein passendes Zitat und gehen Sie anschließend zum Anlass der Einladung über.

Haben Sie das Wohlwollen Ihrer Zuhörer geweckt, begrüßen Sie sie: »Liebe Freundinnen und Freunde, liebe Verwandte …« Setzt sich Ihr Gästekreis aus Personen zusammen, die Sie duzen, und anderen, die Sie siezen, wählen Sie die für die Mehrzahl der Anwesenden übliche Anrede und lassen Sie sich das von den anderen genehmigen: »Sehr geehrte Damen und Herren, liebe Freunde! An euch, liebe Freunde, geht meine erste Bitte: Fühlt euch, wenn ich nun für alle in der Sie-Form weitersprechen, ganz genauso von Herzen angesprochen wie sonst auch.«

Akademische Grade oder politische Mandate – kein Grund für eine Sonderbehandlung

Listen von Ehrengästen sind meist zu lang und werden nicht immer von allen akzeptiert. Je weniger Ehrengäste Sie daher aus der Gruppe herausheben, desto besser.

Wenn Gäste sich zwar vom Hörensagen, aber noch nicht persönlich kennen, ist es hilfreich, alle namentlich zu erwähnen. Widmen Sie allen Personen gleich viel Redezeit und gehen Sie nach einem transparenten Prinzip vor. Entweder Sie zitieren alphabetisch oder in der Reihenfolge, wie die Gäste stehen. Oder Sie erwähnen sie chronologisch in der Reihenfolge, in denen sie in Ihr Leben getreten sind.

Der Hauptteil

Erläutern Sie nun die Zusammenkunft. Zum Beispiel:

- Geben Sie Ihrer Freude Ausdruck.
- Danken Sie allen Gästen für ihr Kommen/die Geschenke.
- Nennen Sie anschaulich den Grund für die Einladung.
- Greifen Sie Ihre Einstiegsworte auf und erläutern Sie den Bezug Ihrer Gäste und Ihren Bezug dazu.
- Blicken Sie zurück, um sich herum und in die Zukunft.
- Erläutern Sie, was auf Ihre Gäste zukommt: wann Sie zu Tisch gehen und warum Sie sie wie platzieren werden.
- Danken Sie allen, die Ihnen zur Hand gehen und gehen werden.

Ihr Schluss-Satz bleibt im Ohr

Zerstören Sie nicht den guten Eindruck, den Sie bis hierher gemacht haben, mit einem verhuschten »Danke fürs Zuhören« oder »Jetzt bin ich aber fertig«. Beenden Sie Ihre Ansprache eindeutig, mit Bezug zu Ihrem Einstieg und mit einer Aktion: »Ich wünsche uns allen einen anregenden Abend.« Prosten Sie Ihren Gästen zu.

Nehmen Sie doch bitte Platz

»Ich bitte zu Tisch« – Ihr Wunsch ist Ihren Gästen Befehl. Korrekterweise nehmen Ihre Gäste die Aperitifgläser nur an den Esstisch mit, wenn die Gastgeber darum bitten. Damit kein Zweifel aufkommt, geben Sie bekannt: »Sie können die Gläser auf diesem Tablett abstellen.«

Protokollarisch korrekt geht der Gastgeber mit dem weiblichen Ehrengast zuerst an den Tisch, jeder weitere männliche Gast führt seine Tischdame gemäß der Platzanweisung an ihren Platz und stellt sich links daneben, zuletzt geht die Gastgeberin mit dem Ehrengast. Wenn sie sich hinsetzt, tun es alle ihr gleich. Die Kunst besteht darin, dieses Procedere nicht förmlich, sondern praktisch umzusetzen, damit Ihre Gäste Ihre Regie als Bemühen um ihr Wohlbefinden interpretieren.

Haben Sie für das Essen Helfer engagiert, die Service nicht beruflich betreiben, wie Ihr Au-pair-Mädchen oder den studierenden Cousin, werden diese wahrscheinlich mit einer Portion Lampenfieber an ihre Arbeit gehen. Eine kurze Vorstellung nebst Applaus macht Mut.

TIPP

Zu Tisch, bitte

→ Teilen Sie Ihren Gästen im Vorfeld mit, wann Sie zu Tisch gehen werden, dann kann der eine sich noch rechtzeitig die Hände waschen und der andere in Ruhe noch ein dringendes Telefonat erledigen.

3

Regie bei Tisch: selbstverständlich und professionell

Bei Tisch übernimmt in der Regel der Hausherr den Service der Getränke und die Hausfrau den der Speisen. Wird zu einem Menü durchgehend das gleiche Getränk serviert, schenkt der Gastgeber dieses ein, bevor die Vorspeise gegessen wird. Viele Weinkenner sagen, zu einer Suppe passe außer einem Sherry kein Wein. Entsprechend müssten Sie, wenn Sie mit einer Suppe beginnen, erst danach den Wein einschenken. Doch wer will heute seine Gäste auf dem Trockenen sitzen lassen?

Mit gutem Beispiel voran

Schritt für Schritt walten Sie nun Ihres Amtes:

- Sie legen Ihre Serviette auf den Schoß. Wer die Signalsprache der Utensilien kennt, weiß, dass die Gastgeberin durch das Entfalten ihrer Serviette das Startzeichen gibt. Im Restaurant gibt sie dieses Zeichen logischerweise erst, nachdem der Restaurantfachmann die Bestellung aufgenommen hat.
- Der Gastgeber schenkt die Getränke ein. Stehen Wasserflaschen auf dem Tisch, helfen die Gäste zuerst den Nachbarn und bedienen sich dann selbst.
- Sind alle bedient, hebt der Gastgeber das Weinglas am Stiel und blickt in die Runde. Sind keine Menükarten vorbereitet, gibt er das Menü und die jeweiligen Getränke bekannt.
- Er wünscht »Zum Wohl« und trinkt; die Gäste trinken zeitgleich nach ihrem Blick in die Runde; alle stellen nach einem erneuten Rundblick ihre Gläser ab. Nur im kleinsten Kreis und bei einem ganz speziellen

Anlass stoßen Sie mit Ihren Gästen an. Trinken Sie auf den Abend, nicht auf Ihre Gäste. Denn streng genommen darf die Person, auf deren Wohl Sie trinken, logischerweise nicht mittrinken: Sie kann ja schlecht auf ihr eigenes Wohl trinken!

Offiziell ist nun die Mahlzeit eröffnet.

- Sie können Brot und Butter klassisch als Beilage zur Vorspeise anbieten – oder schon während die Gastgeberin in der Küche die Vorspeise richtet. Helfen Sie immer zuerst Ihren Nachbarn, bevor Sie sich bedienen.
- Sobald der erste Gang serviert ist, nimmt die Gastgeberin ihr Besteck auf, blickt in die Runde und beginnt zu essen, so will es die hohe Schule der Etikette. Heutzutage ist es an den meisten Tischen üblich, dass die Gastgeberin »Guten Appetit« wünscht. Ganz korrekt ist es jedoch nicht.
- Nicht jeder ist höflich genug, um sein Esstempo dem der übrigen Gäste anzupassen. Gastgeber müssen es sein! Essen Sie langsam, schauen Sie sich um, legen Sie Ihr Besteck immer wieder auf die Position, in der die Uhrzeiger auf »zwanzig nach sieben« stehen.
- Legen Sie Ihr Besteck erst in der Position »zwanzig nach vier« ab, wenn alle Gäste den jeweiligen Gang beendet haben. Damit signalisieren Sie: »Wir alle sind fertig.«
- Lassen Sie Ihren Gästen noch ein paar Minuten Zeit, bevor Sie die Teller entfernen.

Wenn Sie aufstehen, um in die Küche zu gehen oder Getränke nachzuschenken, legen Sie Ihre Serviette links neben Ihrem Teller ab. Der Küchentakt in einem Restaurant sieht vor, dass im Durchschnitt 15 Minuten zwischen dem Abtragen eines Gangs und dem Servieren des folgenden Gangs vergehen. Im Privathaushalt brauchen Sie sicherlich länger. Als Single-Gastgeber lassen Sie einen Delegierten in dieser Zeit für Unterhaltung – oder fürs Servieren – sorgen.

Ob Sie Ihren Gästen bei einem offiziellen Essen die Gelegenheit geben, sich ihres Jacketts zu entledigen, und ob Sie das überhaupt wollen, entscheiden Sie als Gastgeber ganz allein. Passen Herren in Hemdsärmeln zu dem Bild, das Sie von der Veranstaltung haben? Dann ist es an der Gastgeberin, Entlastung zu erlauben. Bittet ein Gast voreilig darum, werden Sie ihn nicht öffentlich düpieren wollen. Stellen Sie lieber die Frage als Diskussionspunkt in den Raum.

Je mehr Perfektion Sie Ihren Gästen vorleben, desto förmlicher werden diese sich verhalten – kein idealer Nährboden für eine lockere Stimmung! Eine griechische Gastgeberin stößt, sobald die Gäste am Tisch Platz genommen haben, selbst etwas um, damit diese nicht ständig in Hab-Acht-Stellung sein müssen. Sorgen auch Sie für das Wohlbefinden Ihrer Gäste, indem Sie ein gerüttelt Maß an Leichtigkeit vorleben!

Speisen servieren wie die Profis

Ihre Gäste zu Hause erwarten nicht, dass Sie den »kombinierten Dreiergriff« beherrschen, mit dem gestandene Restaurantfachleute drei Teller auf einer Hand nebst Unterarm jonglieren. Sie fänden es auch eher befremdlich, wenn eine Anwältin oder ein IT-Berater beim Bewirten von Gästen zwischen dem Spreizgriff – bei Spargel –, dem Zangengriff – bei gefüllten Tomaten – und dem Seitengriff – beim wilden Reis – unterschiede. Sie können jedoch den Komfort Ihrer Gäste mit diskreteren Umsetzungen der fundamentalen Serviceregeln erhöhen:

1 Praktisches Verhalten im Raum
- → immer vorwärts gehen
- → keine abrupten Bewegungen

TIPP

Die andere Seite: Pflichten des Gastes

→ Bieten Sie als Gast Ihre Hilfe an, betreten Sie aber niemals ungefragt Küche und Keller. Für das Allerheiligste benötigen Sie eine explizite Zugangsgenehmigung!

- bei mehreren Helfern: rechts vor links; rechts aneinander vorbeigehen; links überholen

2 Die richtige Seite am Tisch

Sie arbeiten von rechts:

- Getränke einschenken, Gläser nachdecken und wegnehmen
- Teller, Suppentassen, Kelche eindecken und wegnehmen
- Gläser sowie Besteckteile der rechten Seite nachdecken
- Besteckteile für die rechte Hand herunterziehen
- Kaffee servieren

Sie arbeiten von links:

- alle Teller und die Wasserschale für die Reinigung der Finger, die links vom Couvert stehen, eindecken und wegnehmen
- Besteckteile für die linke Hand nachdecken und herunterziehen
- Brot und Butter anreichen
- Speisen von Platten und Schüsseln vorlegen
- Platten und Schüsseln anreichen, von denen der Gast sich bedienen soll
- das Tischtuch säubern

3 Die Reihenfolge – nach alter Sitte werden bedient:

- die Ehrengäste vor den anderen Gästen
- Damen vor Herren
- ältere Personen vor jüngeren
- die Gäste vor den Gastgebern

In einer Zeit der Gleichberechtigung wird bei einer Personenzahl über fünf meist der Praktikabilität der Vorzug gegeben: Die Ehrengäste werden zuerst versorgt, dann der Reihe nach alle anderen Personen. Bei Arbeiten, die von rechts ausgeführt werden, gehen Sie im Uhrzeigersinn, bei Arbeiten von links gegen den Uhrzeigersinn.

Beim Abservieren nach dem Hauptgang wird meist der Platzteller gleichzeitig mit dem Hauptspeisenteller weggenommen. Falls erforderlich, entfernen Sie, wenn Sie Brot, Butter und Brotteller abgeräumt haben, Brotkrumen. Nach einer Pause servieren Sie dann als Abschluss die Käseplatte oder den Nachtisch.

Übrigens: Möchten Sie Flecken auf der Tischdecke vermeiden? Dann achten Sie darauf, dass beim An- und Weiterreichen der rechte Rand der Platte oder der Schüssel, von der Sie bedienen, mit dem Tellerrand abschließt.

Getränke fachgerecht servieren

Das, wofür im Restaurant der Sommelier in Zusammenarbeit mit Ihnen als Gastgeber zuständig ist, erledigen Sie zu Hause unter Ausschluss der Öffentlichkeit.

- Von einer Weinflasche entfernen Sie die Verschlusskapsel mit einem Messer oder dem Foilcutter, unterhalb des Wulstes oder auf dem Wulst – nicht darüber, damit der Wein nicht mit dem Metall der Kapsel in Berührung kommt.
- Säubern Sie gegebenenfalls den Flaschenmund mit der Handserviette. Bei Rotwein nehmen Sie eine Papierserviette.
- Drehen Sie den Korkenzieher in der Mitte des Korkens ein, ohne diesen zu durchbohren.
- Ziehen Sie den Korken langsam heraus. Prüfen Sie, ob er unversehrt ist und gut riecht.
- Den Flaschenmund erneut säubern.
- Nehmen Sie einen Probeschluck.

Einen zu warmen Weißwein kühlen Sie in der Flasche im wahrsten Sinn des Wortes im Handumdrehen auf seine Trinktemperatur herunter, indem Sie Eis, Wasser und Salz in einen Weinkübel geben und die Flasche darin mit schnellen Bewegungen drehen. Das Salz lässt das Eis schmelzen, die Kälte wandert in den Wein. Stellen Sie die Flasche zuerst einmal kopfüber, damit auch der Wein oberhalb der Flaschenschulter kühlen kann.

Beim Einschenken gehen Sie in der gleichen Reihenfolge wie beim Essen vor. Schützen Sie mit einer Handserviette die Flasche vor dem Einfluss Ihrer Körpertemperatur, allerdings sollen Ihre Gäste das Etikett sehen können. Zum Rotweinservice dürfen Sie das Glas auch in die Hand nehmen.

Liegt Ihr linker Arm beim Einschenken leicht angewinkelt auf Ihrem Rücken, haben Sie einen guten Stand und müssen keine Berührung mit dem Rücken des Gastes befürchten. Drehen Sie nach dem Füllen des Glases die Flasche ab, um keinen Tropfen zu verlieren. Wichtig: Die Flasche darf das Glas nicht berühren.

Von der Flasche in die Karaffe

Bei kostbaren Weinen ist ein erschütterungsfreier Transport vom Keller an den Tisch gefragt. Dazu wurde der Dekantierkorb erfunden. Der Dekantiervorgang selbst war früher alten Rotweinen aus dem Bordeaux vorbehalten. Das Umfüllen von der Flasche in eine Karaffe setzte Aromen frei und verhinderte, dass die bei der Reifung entstandenen Ablagerungen – das Depot – ins Glas gerieten und den Trinkgenuss schmälerten. Wischen Sie die Flasche nicht ab! Ihre Gäste sollen ruhig sehen, dass es sich hier um einen Tropfen handelt, der seit Jahren in Ihrem Keller ruht und auf genau diese Gäste gewartet hat. Zu ihrer vollen Entfaltung jenseits eines oft herben Barrique-Geschmacks werden heute auch jüngere Rote aus dem Burgund sowie gehaltvolle Weißweine dekantiert.

Um die Bewegung des Sediments genau zu verfolgen, halten Sie die Flaschenschulter über eine Kerze und setzen Sie die Flasche ab, bevor das Depot in die Karaffe gleitet. Sind Ihre Gäste schließlich alle gegangen, können Sie den Rest in der Küche durch ein Filterpapier rinnen lassen und sich daran laben.

Anleitung zur sicheren Gästevergraulung

1. Verkosten Sie beim Kochen ausgiebig den Wein, den Sie für die Soßen verwenden, probieren Sie alle Flaschen, die Sie öffnen.
2. Parfümieren Sie sich reichlich, damit die Gäste das Bukett des minderwertigen Weines nicht riechen.
3. Tragen Sie zum Auftragen der Speisen die Schürze, an der Sie sich beim Kochen die Hände abgewischt haben.
4. Tadeln Sie lautstark den Gemüsehändler, der Ihnen faules Gemüse und stark verlausten Salat untergejubelt hat.
5. Belehren Sie Ihre Gäste über den Wert der Rohstoffe, beklagen Sie sich über die vielen Stunden, die Sie für Einkauf und Zubereitung geopfert haben.
6. Kompromittieren Sie Ihren Ehepartner, der Ihnen beim Service falsch oder zu wenig zur Hand geht.
7. Machen Sie es sich beim Einschenken bequem, indem Sie sich auf der Rückenlehne eines Gastes aufstützen.
8. Beschmutzen Sie einen Gast beim Servieren oder Abräumen; sehen Sie elegant darüber hinweg.
9. Essen Sie schnell, räumen Sie, sobald Sie mit einem Gang fertig sind, zügig ab.
10. Ignorieren Sie zögerliches Zugreifen, das verstohlene Abwischen von Besteckteilen an der Serviette und das Übriglassen von Resten.

Gute Unterhaltung!

Sie haben Fremde einander vorgestellt und Ihre Gäste gemäß ihren Gemeinsamkeiten platziert. Mit passenden Stichworten erleichtern Sie ein ganzes Fest hindurch Ihren Gästen den Austausch.

Geselligkeit mit Genuss? Smalltalk!

Ekel erregende Erlebnisse verderben den Appetit und die Stimmung. Sie sind deshalb nicht nur bei Tisch zu meiden. Bremsen Sie ebenfalls alle kommunikativen Unarten, die dem gemeinsamen Genuss-Interesse nicht dienlich sind.

Durch eine sinnvolle Tischordnung und die geschickte Vorstellung fremder Personen erleichtern Sie sich die kommunikative Regie (→ Seite 25 f.). So ergeben sich bei Empfängen und an einer großen Tafel kleine Kommunikationszellen, die so lange autonom bleiben, wie sie nicht die Aufmerksamkeit auf sich lenken.

Wo immer Sie meinen eingreifen zu müssen, thematisieren Sie einfach das, was Ihre Gäste gemeinsam erleben und wahrnehmen: die Speisen, die Getränke und die Musik, ein kürzlich ererbtes Möbelstück, das neue Klavier. Gehen Sie auf die beteiligten Personen ein: Wer kannte wen bereits woher? Wer hat mit wem welche Berührungspunkte, ohne das gewusst zu haben? Prinzipiell können folgende Themen passen:

- Anlass, Umfeld, Anwesende
- Anreise, Umfeld, Region
- Freizeit, Wellness, Urlaub
- Kunst und Kultur, Architektur
- Genuss jeder Art
- Aktualität, Trends, Entdeckungen

Achtung: Manche Gäste reagieren sensibel auf Intimitäten, Beziehungsklatsch, Krankheit und Tod. Auch Politik, Religion, Moral und möglicherweise Fußball sind keine guten Themen. Sie können zu ernsthaften Meinungsverschiedenheiten führen.

Der Beruf wird bei einem Essen nicht ganz unerwähnt bleiben können, heitere Erlebnisse aus dem Berufsleben werden schließlich überall gern gehört. Schützen Sie Vertreter der beratenden oder heilenden Berufe jedoch davor, zu kostenlosen Konsultationen genötigt zu werden.

» Man steht erst dann im Mittelpunkt einer Party, wenn man gegangen ist. «

[Audrey Hepburn | *amerikanische Schauspielerin*]

Das Gespräch am Laufen halten

Servieren Sie Ihren Gästen nicht nur Canapés, sondern auch Sprechanlässe auf dem Silbertablett. Nutzen Sie im Wechsel diese Strategien:

1. Stellen Sie Fragen. Werfen Sie dabei einen offenen Blick in die Runde: »Hat einer von euch schon den neuen Woody Allen gesehen?« Oder sprechen Sie eine Person an, von der Sie garantiert eine Antwort erwarten dürfen: »Frau Bock, Sie haben doch den neuen Woody Allen schon gesehen. Verraten Sie uns, wie er ist?« Stoßen Sie derart konkret die Expertise der Betroffenen an, fühlen sich sogar notorische Schweiger oder schüchterne Personen motiviert, sich ins Gespräch einzubringen. Erwarten Sie jedoch keine spontane Äußerung, sondern geben Sie Ihren Gästen genügend Zeit, über die Antwort nachzudenken. Halten Sie die Pause aus, stärken Sie die Motivation mit Ihrem Blick und einem Lächeln.

2 Greifen Sie Aspekte, Themen, Einschätzungen auf. Macht ein Gast Ihnen ein Kompliment über das Essen, wiegeln Sie nicht mit einem schamhaften »Das war aber gar nicht schwer« ab. Danken Sie ihm und erläutern Sie, woher Sie das Rezept haben. Können Sie beispielsweise auf Ihre Großmutter auf dem Landgut damals in Ostpreußen verweisen, bieten Sie Ihren Gästen Sprungbretter für diverse Themen an. Kochrezepte damals und heute, Landschaften und Gewürze, überregionale Einflüsse in der lokalen Küche, Speisen und Weine, Großmütter und andere Ahnen, andere Länder – Urlaubsländer ... Nützen Sie mögliche Assoziationen.

3 Bedienen Sie sich außerhalb des aktuellen Umfelds. Erzählen Sie selbst eine Anekdote, bitten Sie um die Schilderung von – partiell gemeinsamen – Erlebnissen. Zitieren Sie andere: »Dazu sagte meine Schwester erst gestern ...« oder die Medien: »Da habe ich in den Tagesthemen gehört ...« Beobachten Sie dabei stets, welcher Ihrer Gesprächspartner sich öffnet, welcher sich verschließt, wer möglicherweise Ihre Hilfe braucht, um in die Gruppe hineinzufinden.

Pannenhilfe: Stimmung!

Erwarten Sie nicht, dass alle Ihre Gäste stets einer Meinung sind. Das wäre unrealistisch und auf Dauer langweilig. Sobald die Gesprächspartner eine gemeinsame Plattform gefunden haben, ist keine inhaltliche Übereinstimmung mehr vonnöten. Bei Störungen der Kommunikation müssen Sie allerdings einschreiten – je nach Schweregrad in einer Stufenfolge von 1 bis 3.

1 IGNORIEREN: Unterbrechen sich Ihre Gäste gegenseitig oder trumpfen sie gegenseitig auf, haben diese offensichtlich eine eigene Spielregel gefunden; bei gleich starken Partnern brauchen Sie daher auch kein Helfersyndrom zu entwickeln. Sogar über Belehrungen und Kritik an Ihnen hören Sie lächelnd hinweg. So machen Sie im Gästekreis die bessere Figur.

2 ABLENKEN: Lässt ein notorischer Redner andere nicht ausreden oder gar nicht erst zu Wort kommen, übernehmen Sie die Führung. Leiten Sie zum Beispiel mit einer Frage den Fokus auf andere Gäste beziehungsweise in die Gesamtrunde zurück. Bei Hänseleien oder Nörgeleien wehren Sie auf diese Weise den Anfängen und ernten Respekt auch bei den nicht unmittelbar beteiligten Gästen. Es zahlt sich aus, schnell zu reagieren!

3 GRENZEN AUFZEIGEN: Werden Gäste zu Opfern von Provokationen, Angriffen oder schlüpfrigen Bemerkungen oder es entbrennt ein Streit, ist eine diskrete Umleitung kaum mehr möglich. Dann dürfen Sie das Verhalten mit einer Ich-Botschaft kommentieren; offen tadeln müssen Sie deshalb jedoch nicht: »Es wäre mir recht, wenn wir das Gespräch in andere Bahnen lenken könnten.« Bestimmen Sie ein neues Thema und die geeigneten Ansprechpartner: Personen, die nicht im Zentrum des strittigen Interesses gestanden hatten. Nur bei eklatanten Verstößen gegen die gemeinsamen Spielregeln bitten Sie einen Störenfried – unter einem Vorwand? – vor die Tür und appellieren an seine Hilfsbereitschaft: »Was würdest du an meiner Stelle tun, um den Abend zu retten?«

Sagen Sie doch auch mal was: Reden bei Tisch

Die Damenrede ist »out«. Launige Reden zum Lobpreis der anwesenden Damen sind nicht mehr zeitgemäß, die Würdigung von Gastgebern und Gästen ist es hingegen sehr wohl. Korrekterweise spricht ein Gast erst, wenn der Gastgeber eine Rede gehalten hat. Wünschen Sie sich eine Ansprache, reden Sie also zuerst einmal selbst. Da erfahrungsgemäß vorwiegend Männer das öffentliche Wort ergreifen, sei an dieser Stelle appelliert: Machen Sie doch bitte auch als Gastgeberin eine gute rhetorische Figur!

Sie können

- Ihre Begrüßungsrede (→ Seite 59 ff.) zur Tischrede umfunktionieren.
- jeden Weinwechsel ausgiebig kommentieren und Ihre Wahl mit einem persönlichen Erlebnis begründen.
- den Augenblick nutzen, in dem Ihnen ohnehin die ungeteilte Aufmerksamkeit zuteil wird, kurze (kurze!) Anekdoten zum Besten zu geben.
- einen passenden Artikel aus der Tageszeitung frei resümieren.
- zwischen Hauptgang und Dessert ausdrücklich den Ehrengast oder den Anlass des Geschehens würdigen.

Beschränken Sie diese Aufmerksamkeit nicht auf große Feste. Da Gäste eine gute Ansprache stets als Zeichen Ihrer Wertschätzung empfinden, ist sogar ein Vierertisch der passende Ort dafür.

Stehen Sie für eine Ansprache auf, wenn mehr als acht Personen zugegen sind, damit jeder Gast Sie sehen und hören kann. Schließen Sie vorbereitend bereits im Sitzen Ihr Jackett. Verbarrikadieren Sie sich nicht hinter Ihrem Stuhl. Bleiben Sie stehen, bis der Applaus verhallt.

Aus dem Stegreif: die Spontanrede

Ein umsichtiger Gastgeber bereitet seine Reden vor. Nun mag ein Gast eine so persönliche Rede gehalten haben, dass Sie diese nicht unkommentiert lassen wollen. So geglückt eine kurze schlagfertige Replik ist – lassen Sie sich nicht zu einer längeren spontanen Rede ohne Vorbereitung hinreißen!

Sammeln Sie sich und Ihre Gedanken. Steigen Sie für wenige Minuten aus dem Gespräch aus oder verlassen Sie den Raum. Legen Sie sich ein Muster zurecht, beispielsweise:

- du – ich – wir
- Vergangenheit – Gegenwart – Zukunft
- Thema – konkretes Beispiel – Folgerung
- These – Antithese – Synthese

Üben Sie sich in Disziplin, fassen Sie sich kurz, legen Sie Humor an den Tag. Beschließen Sie Ihre Ansprache mit einer Aktion: »Lasst uns darauf das Glas erheben!« Danach sollten Sie Ihren Gästen die Gelegenheit geben zu applaudieren. Für die Gäste ist der Applaus Teil Ihrer Rede – für Sie auch.

Vorhersehbare Stolpersteine – so wahren Sie Ihr Gesicht

Das Gesicht wahren und anderen dabei zu helfen, ihres nicht zu verlieren – das ist die Kunst, die Sie als Gastgeber beherrschen sollten. Nichts persönlich nehmen und immer tief durchatmen sind dafür die effektivsten Instrumente.

Damit der Grat zum harmonischen Miteinander nicht schmal und steinig wird, ebnen Sie ihn: Räumen Sie, so gut es geht, Stolpersteine aus dem Weg und bitten Sie Ihre Gäste um Unterstützung.

TIPP

Die andere Seite: Pflichten des Gastes

→ Wird Ihnen in einem Nichtraucherhaushalt kein Aschenbecher angeboten, fragen Sie nach der Möglichkeit, auf dem Balkon zu rauchen. Schlimmstenfalls gehen Sie zum Rauchen vor die Haustür. Die Zigarettenstummel bitte angemessen entsorgen bzw. mitnehmen!

Der blaue Dunst – Raucher und Nichtraucher

Beim Aperitif und beim Digestif darf in Gesellschaft geraucht werden. Als Nichtraucher sind Sie jedoch nicht verpflichtet, Rauch in Ihrer Wohnung zu dulden. Weisen Sie den Weg zu Balkon und Terrasse, stellen Sie dort dekorative Aschenbecher auf, leeren Sie diese zwischendurch einmal. Können Sie den Aperitif nicht an der frischen Luft reichen, kündigen Sie den Gang zum Tisch rechtzeitig genug an, dass die Raucher noch ihrer Lust respektive ihrem Laster frönen können.

Pannenhilfe: Sonderwünsche

Vegetarier und Diätpatienten sollten fair genug sein, Ihnen Notwendigkeiten und Essenswünsche bei der Zusage zu Ihrer Einladung anzukündigen. Wurden Sie nicht rechtzeitig informiert, lassen Sie sich helfen: »Welchen alternativen Vorschlag hast du jetzt? Was kann ich in der Kürze der Zeit für dich tun?« Notfalls wird die betreffende Person von den Beilagen satt.

»When in Rome do as the Romans do«, sagen die Briten. Wenn du in Rom bist, mach's wie die Römer. Demzufolge dürften Sie Eigenheiten ausländischer Gäste ignorieren. Da Sie sich aber für das Wohlbefinden Ihrer Gäste einsetzen, wollen Sie es sich so leicht sicherlich nicht machen. Manche Dinge können Sie wissen, zum Beispiel dass

- die Thora, die heilige Schrift der Juden, koscheres Essen verlangt und beispielsweise die Kombination von Fleisch und Milchprodukten verbietet.
- Muslime im Ramadan zwischen Sonnenauf- und -untergang nicht einmal ein Glas Wasser zu sich nehmen dürfen.
- für Juden und Muslime Schweinefleisch tabu ist.
- gläubige Muslime keinen Alkohol trinken.
- Hindus zwar nicht unbedingt Vegetarier sind, aber weder Rind noch Kalb essen.
- ein großer Teil der Bevölkerung in Fernost aufgrund einer Laktose-Intoleranz Milchzucker nicht richtig verdauen kann.

Doch wie streng die Essensvorschriften umgesetzt werden, ist sehr individuell. Sie können sich in der Literatur, bei binationalen Gesellschaften und auf spezifischen Internetseiten wie www.koscher.net informieren. Da fehlendes Wissen zu Unsicherheit führt, fragen Sie am besten ganz offen: »Gibt es etwas, das du nicht isst oder trinkst?«

Im Zweifelsfall am besten nachfragen

»Haben Sie spezielle Wünsche für Speisen und Getränke?« Gelatine ist in der Regel auf der Basis von Schweineknochen hergestellt, viele Desserts und Soßen enthalten Alkohol, Suppen und Kuchen Milch. Schauen Sie wirklich ganz genau hin!

Gestalten Sie die Tischordnung entsprechend den fremdsprachlichen Kompetenzen Ihrer Gäste. Platzieren Sie einen als solchen designierten Dolmetscher neben dem ausländischen Gast; er wird seine Verantwortung zu schätzen wissen.

Pannenhilfe: Zu tief ins Glas geschaut

Die Fachwelt unterscheidet zwischen normalem Gebrauch von Alkohol, Missbrauch und Sucht, die Gesellschaft tabuisiert das Thema ganz. Sie brauchen an Ihrem Tisch dieses Tabu nicht zu brechen. Schenken Sie einem Vieltrinker wenig Wein, aber viel Wasser ein und entfernen Sie Weinflaschen aus seinem Zugriff. Verlangt er mehr oder entzieht er sich Ihrer fürsorglichen Kontrolle beziehungsweise kommt er schon angetrunken an? Mit alkoholisierten Personen zu diskutieren wäre sinnlos. Bitten Sie den Partner des problematischen Gastes um Unterstützung. Ob er ihn nach Hause schickt, unter vier Augen zur Zurückhaltung auffordert oder ihn unter dezenten Vorwänden am Trinken hindert, ist seine Sache.

Notfalls bestellen Sie ein Taxi und stellen den Betrunkenen vor vollendete Tatsachen. Danach tanken Sie zwei Minuten frische Luft und feiern weiter; der Vorfall wird nicht thematisiert.

Gäste mit Behinderungen

Hier können eine besondere Platzierung – zum Beispiel bei Rollstuhlfahrern – und praktische Hilfestellung angebracht sein. Wer eine Hand im Gips trägt, nimmt dankbar zur Kenntnis, wenn Sie seine Speisen mundgerecht vorbereiten und er nicht öffentlich auf die Hilfe seines Tischnachbarn angewiesen ist.

Pech und Missgeschicke

Ihre unkomplizierte beste Freundin wird über eine Schnecke im Salat wahrscheinlich die Schulter zucken. Vielleicht weist sogar Ihr Vorgesetzter derlei Frustrationstoleranz auf. Lassen Sie es aber besser nicht darauf ankommen. Bitten Sie um Verzeihung und bieten Sie an, das blutige Steak nachzubraten, die versalzenen Kartoffeln durch Baguette zu ersetzen oder einen ungenießbaren Gang abzuräumen. Nehmen Sie großzügige Gesten der Toleranz von Ihren Gästen an. Übertriebene Demutsgesten sind jedoch unangebracht. Verzichten Sie darauf und bleiben Sie handlungsfähig.

Pannenhilfe: Missgeschicke ausmerzen

Auf den Boden gefallene Besteckteile oder Servietten tauschen Sie kommentarlos aus, Speisenreste sammeln Sie auf. Spritzt allerdings Sauce auf die weiße Spitzentischdecke, fällt ein Glas um, brennt sich glühende Asche in das Ledersofa ein, ist besondere Contenance gefragt. Stellen Sie nicht Ihr Mobiliar über Ihre Beziehung zu den Gästen. Atmen Sie tief durch, beheben Sie den Schaden so gut wie möglich und spenden Sie einem untröstlichen Verursacher Trost. Bietet der Verursacher eines beträchtlichen Schadens nicht an, seine Haftpflichtversicherung einzuschalten, rufen Sie ihn am Tag danach an: »Was machen wir nun? Wie bringen Sie das in Ordnung?«

TIPP

Kork?

→ Da Sie jeden Wein vor Ankunft der Gäste verkosten, sollten böse Überraschungen auf ein Minimum reduziert sein. Haben Sie Zweifel, ob er nach Kork schmeckt oder nicht? Füllen Sie in ein Glas ein Drittel des fraglichen Weins und zwei Drittel lauwarmes Wasser. Das temperierte Wasser lässt Aromen aus dem Wein verflüchtigen, Korkgeruch nicht.

Auf zum Endspurt: das gelungene Finale

»Vor dem Spiel ist nach dem Spiel.« »Ende nichts, alles nichts.« Ob Sie es lieber mit dem Fußballer Sepp Herberger halten oder dem Philosophen Max Horkheimer – der letzte Eindruck bleibt in Erinnerung.

Kaffee, Tee und Co.

Mokka, Espresso, Cappuccino, Latte Macchiato, Café au lait, Einspänner – und wie sie alle heißen – werden nicht nur in unterschiedlichen Ländern und aus unterschiedlichen Gefäßen getrunken, sie dienen auch unterschiedlichen Zwecken. So werden stark milchhaltige Kaffees zur Sättigung getrunken, also in der Regel zum Frühstück und nicht als Verdauungsgehilfen. Bieten Sie also nach dem Essen keinen Cappuccino, sondern einen Espresso oder einen Kaffee an, dazu einen Digestif aus Ihrer Hausbar. Übrigens: Kaffee wird nicht vor dem Gast eingeschenkt. Entweder Sie bringen die gefüllten Tassen an den Tisch oder Sie nehmen die auf dem Tisch stehende Tasse weg und stellen sie eingeschenkt wieder zurück.

Zur Abrundung passen dazu auf dekorativen Tellern angerichtete kleine Mengen von

- Weihnachtsgebäck – selbst gebacken wird besonders gern genommen,
- Mignardises – winzige bunte Gebäckstückchen aus der Konditorei,
- Pralinés – durchaus auch die von Gästen mitgebrachten.

Sammeln Sie nicht vorher schon die Servietten ein, die werden hier noch gebraucht!

Servieren Sie abschließend Tee mit Beutel im Glas, ergänzen Sie das Gedeck des Teetrinkers um einen Ablageteller. Aus einer Teekanne wird der Beutel nicht öffentlich entfernt. Allerdings trinken Kenner lieber Blatttees. Ob Sie zuerst den Tee oder zuerst die Milch in die Tasse geben (MIF – milk in first) ist Glaubenssache. Erst Tee, dann Milch wird hierzulande als eleganter empfunden.

Das Gästebuch

Sollen sich Ihre Gäste in einem Gästebuch verewigen? Jetzt ist die letzte Möglichkeit hierzu.

- Teilen Sie Ihr Anliegen schon im Lauf des Abends mit, so kann sich der eine oder andere mental vorbereiten.
- Gehen Sie mit gutem Beispiel voran, schreiben Sie eine unspektakuläre Einleitung, dann weiß jeder, dass keine rhetorischen Höhenflüge erwartet werden.
- Nötigen Sie niemanden, nicht jeder fühlt sich zum Dichten berufen. Es kann auch reichen, nur zu unterschreiben.

3

Auf Wiedersehen! Ein würdiger Abschied

Unterstellen Sie Ihren Gästen nicht ohne weiteres, dass sie länger bleiben wollen, als Sie befürchten. Geben Sie Ihnen die Gelegenheit, Sie etwa eine halbe Stunde nach dem Ausschenken des Kaffees zu verlassen. Schenken Sie, wenn überhaupt, Wasser in minimalen Mengen nach. Würdigen Sie Ihre Gäste mit einer kleinen Schlussrede: Resümieren Sie den Anlass kurz und prägnant, danken Sie Ihren Gästen für Anwesenheit, Gespräche und Geschenke und geben Sie einen Ausblick auf ein nächstes Mal, wann auch immer an welchem Ort auch immer.

Denken Sie daran: Der letzte Eindruck bleibt

TIPP

Die andere Seite: Pflichten des Gastes

→ Sie danken Ihren Gastgebern mündlich, das ist selbstverständlich. Genauso selbstverständlich sollte es sein, dass Sie bei Ihrer Abfahrt nicht hupen. Bei einem familiären oder kleinen Anlass rufen Sie zusätzlich am nächsten oder übernächsten Tag noch einmal an, bei einer eleganten großen Einladung ist ein schriftlicher Dank fällig. Erwähnen Sie Speisen, Getränke, Ambiente: Was nicht erwähnt wird, hat nicht stattgefunden!

Je überzeugter Sie davon sind, dass Sie als Regisseur die Erlaubnis dazu haben, desto schlüssiger werden Ihre Gäste diesen Abschluss empfinden. Nicht zaudern, aufstehen! Begleiten Sie nun Ihre Gäste bis zum Ende Ihres Reviers, ob das die Wohnungstür oder das Gartentor ist. Gegebenenfalls öffnen Sie die Taxitür und wünschen: »Kommen Sie gut heim!«

Haben Sie nicht den Mut, einer Veranstaltung ein Ende zu setzen, seien Sie konsequent und schlafen Sie vor. Gähnen, lüften oder bei offener Küchentür die Spülmaschine einräumen – das geht nicht.

Statt sich über ausbleibende Dankesgrüße Ihrer Gäste zu grämen, senden Sie ihnen einige Tage nach der Einladung ein schriftliches Dankeschön für die Mitbringsel und die gemeinsam verbrachte Zeit. Wenn Sie Erinnerungsfotos geschossen haben, legen Sie ein schönes bei.

Na dann gute Nacht! Übernachtungsgäste

Gehen Sie mit offenen Augen durch ein Hotelzimmer, dann wissen Sie, welche Annehmlichkeiten Ihren Übernachtungsgästen Freude machen könnten:

- Lüften Sie kurz vor ihrem Eintreffen das Gästezimmer.
- Schließen Sie am Abend Jalousien beziehungsweise Gardinen.
- Prüfen Sie die Funktionsfähigkeit von Lampen und Wecker.
- Kontrollieren Sie die Abfallbehälter.

- Schlafen die Gäste in Ihrem Schlafzimmer oder dem Kinderzimmer, räumen Sie persönliche Gegenstände zur Seite.
- Bereiten Sie leere Kleiderbügel und Platz für Kleidung im oder am Schrank vor.
- Decken Sie das frisch bezogene Bett ab. Legen Sie als kleine Aufmerksamkeit ein Betthupferl auf das Kopfkissen.
- Stellen sie Gästehandtücher und Zahnputzbecher bereit.
- Bieten Sie eine Flasche Wasser für die Nacht an.

Fast wie im Hotel und doch zu Hause

Nach der Ankunft weisen Sie Ihren Übernachtungsbesuch in die Räumlichkeiten ein:

- Welches Waschbecken haben Sie für ihn reserviert, welches ist sein Zahnputzbecher?
- Informieren Sie ihn über die Spielregeln:
  - Wann gibt es Frühstück?
  - Wie ist an Wochentagen die Reihenfolge im Bad geregelt?
  - Ab wann ist Musik auf Zimmerlautstärke in Ordnung?
  - Ist die Benutzung Ihres Telefons gestattet?
  - Wünschen Sie, dass er bei der Abreise sein Bett abzieht, oder soll er das keinesfalls tun?
- Bitten Sie ihn gegebenenfalls um kleine Dienste: Holt er als Frühaufsteher die frischen Brötchen oder deckt er als Langschläfer lieber den Frühstückstisch ab?
- Bieten Sie ihm Hilfe an: Hat er sämtliche Utensilien dabei, die er während des Aufenthalts benötigt?

Ist er für längere Zeit bei Ihnen, sprechen Sie mit ihm ab, ob und wann Sie sein Zimmer betreten, wann Handtücher und Bettwäsche gewechselt werden und ob er seine eigene Wäsche in Ihre Waschmaschine reinigen will.

Szenenwechsel: Gäste ins Restaurant einladen

4

→ In Frankreich ist es üblich, Kunden, Geschäftspartner und Freunde zum Essen in ein Lokal zu bitten. Vielleicht liegt es daran, dass es dort schon hervorragende Restaurants gab, als Deutschland noch auf öffentliche Suppenküchen angewiesen war. Kein Wunder, irgendwen mussten die Köche, die nach der französischen Revolution arbeitslos wurden, ja kulinarisch verwöhnen …

Der richtige Rahmen für Ihre Einladung

Sie laden Freunde mit Kind und Kegel zum Geburtstag ein? Da mag die Grillhütte auf der Lichtung oberhalb Ihres Wochenendhauses der richtige Ort sein. Sie möchten, dass Ihre neue Kollegin endlich Ihre Frau kennen lernt? Da erwägen Sie doch schon eher, ob Sie sie in ein Restaurant bitten.

Nach Hause oder ins Restaurant? Entscheidungskriterien

Wenn Sie

- vertrauliche Dinge zu besprechen haben,
- Ihren Geschäftspartnern einen Einblick in Ihr häusliches Umfeld ermöglichen wollen,
- Ihre neue Einrichtung/Ihren Garten/Ihr Büro vorführen möchten,
- besser kochen als alle Profis in der Umgebung,
- einen Hecht geangelt oder einen Bock geschossen haben,
- mit Freunden gern Pyjama-Partys feiern,

ist es sinnvoll, die Gäste zu sich nach Hause einzuladen.

Wenn Sie hingegen

- eine anstrengende Woche hinter sich
- und aufreibende Tage vor sich haben,
- Ihre Kinder nicht zu den Großeltern bringen können,

4

- Distanz zu Bekannten und Geschäftspartnern halten wollen,
- Kunden, Freunden und Ihrem Ehepartner gastronomische Professionalität gönnen wollen,
- die Zeit brauchen, um Partner und Kunden zu vernetzen,

entscheiden Sie sich besser für einen gemeinsamen Restaurantbesuch.

Wenn Sie es ganz ernst meinen mit der Gastfreundschaft, klären Sie vor der Wahl des Ortes:

- Welche Küche schätzen Ihre Gäste? Welches Umfeld sind sie gewohnt? Überfordern Sie niemanden mit Exotik, der gern gutbürgerlich isst.
- Von welcher Art von Gastronomie haben sie geschwärmt? Wovon laut geträumt? Wünsche von den Augen abzulesen ist eine Kunst, die Gastgeber beherrschen sollten.
- So profan es auch klingen mag: Was sind diese Menschen Ihnen wert? Bei begrenztem Budget – und welches Budget ist nicht begrenzt – legen Sie lieber in einem Mittelklasse-Lokal Großzügigkeit an den Tag, als im Gourmet-Tempel das Spar-Menü zu empfehlen.

In Südamerika lesen Gäste an der Wahl des Restaurants den Status des Gastgebers ab. Darum gilt für gesellige und vor allem für geschäftliche Einladungen nur das beste Lokal am Platz als geeignet. Ihre Geschäftspartner denken nicht unbedingt so: Status ist das eine, in Zeichen knapperer Kassen kann ein als zu luxuriös empfundener Ort aber auch als Affront gewertet werden. Wägen Sie das gut ab.

» Wahrhaft **frei** ist,
wer eine **Einladung** zum Essen
ohne **Begründung** ablehnen kann. «

[Jules Renard | *französischer Autor*]

Was für ein Lokal spricht

Besuchen Sie das Lokal mit Ihren Gästen nicht, wenn bei einem Probelauf mehr als zwei der folgenden Punkte nicht beachtet werden:

- Beim Ablegen der Garderobe wird Ihnen geholfen.
- Ihre Tischreservierung wurde ordnungsgemäß ausgefüllt.
- Sie werden an einen Tisch mit sauberer Tischwäsche geleitet.
- Man zündet Ihnen die Kerze auf dem Tisch an, ohne dass es einer Nachfrage Ihrerseits bedarf.
- Brot wird ohne Aufforderung nachgereicht.
- Sie werden nicht genötigt, mehrere Gänge zu bestellen.
- Man schenkt Ihnen nicht ständig aufdringlich Wein nach.
- Es wird auch daran gedacht, Ihnen Wasser nachzuschenken.
- Die Speisen werden gleichzeitig gebracht.
- Mitarbeiter halten Sie nicht zur Eile an, auch wenn der Tisch dringend anderweitig benötigt wird.
- Man kümmert sich auch um die heruntergefallene Serviette.
- Aschenbecher werden ohne Aufforderung auswechselt.
- Man begegnet Ihren Bitten und gegebenenfalls auch Reklamationen stets freundlich.
- Abgebrannte Kerzen werden zügig erneuert.
- Alle Mitarbeiter haben ein tadelloses Erscheinungsbild.
- Das Personal meistert auch einen Gästeandrang souverän.
- Der Oberkellner mischt sich nie in Ihre Gespräche ein.
- Das Personal vertreibt sich nicht mit Essen, Trinken und lauter Unterhaltung die Zeit.
- Bei der Bezahlung wird auch ein geringes Trinkgeld dankend und ohne die Nase zu rümpfen entgegengenommen.

Rose ohne Dornen: das Geschäftsessen

Es heißt ja, Lebensart sei die Kunst, über den Mitteln den Zweck nicht aus dem Auge zu verlieren. Beim Geschäftsessen könnte man die Definition umkehren: Hier gilt es, gemeinsam Genuss zu pflegen. Nutzen Sie die Möglichkeit, in informellem Rahmen andere Seiten der gleichen Personen ans Tageslicht zu fördern. Stellen Sie das Business hintan, thematisieren Sie es maximal bei Aperitif und Kaffee und lassen Sie – dornenreiche – Konfliktthemen ganz aus dem Spiel.

Charmant, aber bestimmt: das Heft in der Hand behalten

Sie sind Gastgeber, Sie führen die Regie – auch im Restaurant. Damit Ihnen die Restaurantfachleute zur Hand gehen können, brauchen sie von Ihnen eindeutige Zeichen. Als Frau oder als Mann spielen Sie die Gastgeberrolle konsequent:

- Sie betreten das Lokal zuerst und schließen – wenn sie Ihnen die Zeit lassen – die Tür hinter Ihren Kunden/Geschäftspartnern.
- Sie besprechen mit dem Restaurantleiter die Tischwahl.
- Sie überlassen auf dem Weg zum Tisch dem Restaurantleiter die Führung und gehen hinter Ihren Gästen.
- Sie weisen den Gästen ihre Plätze zu.
- Sie verwenden mehrfach den Begriff »meine Gäste«.
- Sie bestellen Speisen und Getränke für die Gäste.
- Sie verkosten den Wein.
- Sie bezahlen die Rechnung.

Kavaliere der alten Schule werden versuchen, einer Gastgeberin das Heft aus der Hand zu nehmen. Lassen Sie sie vordergründig gewähren. Geben Sie der Restaurantleitung – vielleicht unter dem Vorwand, zur Toilette zu gehen – den Hinweis, dass Sie die Rechnung auf jeden Fall übernehmen.

In Deutschland betritt der Gastgeber das Restaurant zuerst, um das Terrain zu sondieren, dann folgen die Gäste. Die ganze Welt lacht da über uns: »Wie muss es in deutschen Lokalen zugehen, wenn solche Sicherheitserwägungen nötig sind?« Lassen Sie ausländischen Gästen den Vortritt!

Die Balance zwischen Business und Privatleben

Wird bei einer Verabredung unter Geschäftsleuten nicht über den Dresscode gesprochen, wird von Geschäftskleidung ausgegangen. Sie bitten aber doch zum Geschäftsessen, um Ihrer Beziehung eine neue Facette hinzuzufügen. Setzen Sie ein Signal: »Wir kennen uns nur im Business-Look. Was halten Sie davon, wenn wir darauf einmal verzichten?« Haben Sie keine Zeit, zwischen Business und Geschäftsessen nach Hause zu fahren, wechseln Sie als Mann das Hemd und lassen die Krawatte weg. Als Frau polieren Sie Ihr Business-Outfit mit einem flotten Shirt und einem dekorativen Schmuckstück auf.

Die geschäftliche Thematik auszublenden fällt am wenigsten schwer, wenn Sie die Ehepartner dazubitten und die am Geschäftlichen interessierten

TIPP

Nicht zu vorschnell

→ Vermeiden Sie es, sich mit Schaumschlägereien zu blamieren. Rümpfen Sie nicht automatisch die Nase über offene Weine. Und hüten Sie sich davor, bei einem offenen Wein vorschnell Kork zu reklamieren: 80 Prozent der Literflaschen haben eine Schraubverschluss!

und die unbeteiligten Personen gemischt platzieren. Hierzu braucht zumindest Ihr Partner ein detailliertes Briefing über Ihr Ziel, Ihrer beider Rolle bei dem Anlass, mögliche Gesprächsinhalte und Tabus.

Externe Gäste, die in einem Hotel Ihrer Stadt übernachten, möchten möglicherweise das lokale Rotlicht-Milieu kennen lernen. Wollen Sie Ihren guten Ruf behalten? Zeigen Sie sich uninformiert! Verweisen Sie die Interessenten an einen Taxifahrer. Eine seriöse In-Bar zu kennen kratzt jedoch nicht an Ihrem Image.

Sie sind Gastgeberin und ein Gast wird zudringlich. Kommen Sie umgehend auf das Business zu sprechen. Dient das nicht der Abkühlung, verlassen Sie unter einem Vorwand den Raum. Wechseln Sie bei Ihrer Rückkehr wenn möglich den Platz. Ist ein Kollege dabei, bitten Sie ihn, Ihren Platz einzunehmen. Ehrensache zwecks Ehrenrettung: Sie thematisieren den Vorfall nicht – zumindest nicht bei diesem Kunden.

Franzosen und Schweizer Gäste laden den Gastgeber nach dem Essen im Restaurant auf einen Drink ein. Eine nette Geste, die auch hierzulande Nachahmer findet. Nehmen Sie daher für ein Geschäftsessen genügend Zeit mit und eventuell eine gute Zigarre.

TIPP

Über den Tellerrand geschaut

→ In Parlamenten und bei internationalen Meetings geben die Anwesenden ihr Mobiltelefon bei einem hierfür bestimmten Mitarbeiter ab und werden informiert, wenn es klingelt. Erwarten Sie einen wichtigen Anruf, bitten Sie den Restaurantleiter um diesen Dienst. Dann wirkt es ganz organisch, dass Sie das Telefonat außerhalb der Hörweite Ihrer Gäste führen. Gerade weil Sie gemeinsam Genuss pflegen und doch dabei die Form wahren wollen, wird bei Tisch nicht telefoniert.

Im großen Stil: das Bankett

Sobald Sie ein Essen für mehrere Gäste vorbestellen, spricht die Gastronomie von einem Bankett. Die Hilfe der Profis, die Ihnen hier zuteil wird, erleichtert Ihnen das Gastgeber-Dasein sehr. Die Herausforderung besteht darin, dass Sie diese gute Startposition zum Wohl Ihrer Gäste nutzen.

Sicher ist sicher: die Absprache mit dem Restaurant

Bereiten Sie Ihre Besprechung mit den Bankett-Mitarbeitern vor.

- → Definieren Sie das Ziel des Banketts, das Datum, die ungefähre Teilnehmerzahl, notwendige Programmpunkte und etwaige vom Restaurant zu erfüllende Wünsche an Logistik und Unterhaltung.
- → Klären Sie, ob das Restaurant entsprechende Kapazitäten hat.
- → Machen Sie ein Probe-Essen. Sie brauchen dabei nicht inkognito wie ein Gastrokritiker aufzutreten. Sagen Sie den Servicemitarbeitern, worauf es Ihnen ankommt, und fragen Sie schon nach ihren Empfehlungen.
- → Schauen Sie sich dabei um: Welche Räumlichkeiten, welche Bestuhlung, welche Dekoration gefallen Ihnen besonders gut? Und was möchten Sie auf gar keinen Fall?

Wählen Sie Tische, die nicht breiter als 1,50 Meter sind, damit eine Kommunikation zur gegenüberliegenden Tischseite möglich ist. Runde Tische sollten nicht mehr als 10 Plätze haben, ein gemeinsames Tischgespräch ist so schon schwer genug. Die Plätze der Repräsentanten der Gastgeberseite verteilen Sie so, dass diese die Kommunikation zwischen den Gästen und mit dem Serviceteam steuern können.

Um Empfindlichkeiten, die durch die Nummerierung der Tische entstehen könnten, entgegenzuwirken, identifizieren Sie die Tische nicht mit Zahlen, sondern dem Anlass entsprechend zum Beispiel mit Farben, Städte- oder Künstlernamen.

> Für einen reizvollen Abend kommt es nicht so sehr darauf an, was sich auf den Tellern, sondern was sich auf den Stühlen befindet.
>
> [Lotti Huber | *deutsche Schauspielerin*]

Jeder Gast an seinen Platz

Je größer die Teilnehmerzahl, desto wahrscheinlicher sind kurzfristige Absagen und das Ausbleiben von Gästen sowie der Versuch einzelner Besucher, sich über eine vorgegebene Tischordnung hinwegzusetzen. Beugen Sie vor:

- Bitten Sie zum Aperitif in einen gesonderten Raum. Lassen Sie von Helfern Zahl und Identität der Anwesenden prüfen und entsprechend von den Servicemitarbeitern Gedecke einfügen oder entfernen.
- Machen Sie die Tischordnung auf einer Tafel – dem Placement – öffentlich. Dessen eine Hälfte weist in alphabetischer Reihenfolge die Namen der Gäste und die ihnen zugewiesenen Tische auf; die andere Hälfte bildet den Raum mit den jeweiligen Bezeichnungen der Tische ab.
- Bitten Sie Ihre Helfer, die Gäste zusammenzuführen, die sie während des Essens betreuen.
- Öffnen Sie die Türen zum Saal erst, wenn alle Gäste gemeinsam den Raum betreten.

- Die Helfer stellen sich so auf, dass sie die Gäste beim Finden der Plätze unterstützen (und auch das Austauschen von Tischkarten verhindern) können.

Weisen Sie jedem Gast einen Tisch, dort aber keinen bestimmten Platz zu, geben Sie zwar einen Teil Ihrer Regie aus der Hand, viele Gäste schätzen aber ein gewisses Maß an Freiheit. Platzieren Sie auf jedem Tisch die Liste der dort erwarteten Gäste; so reduzieren Sie die Wahrscheinlichkeit, dass Tische getauscht werden.

Zur Erinnerung können Ihre Gäste die Menü- und Tischkarten mitnehmen. Fügen Sie gegebenenfalls ein Gastgeschenk bei: ein Dekorationsaccessoire aus Glas, eine Blume, hübsch verpackte Süßigkeiten.

Wenig Raum für Sonderwünsche

Auf die kulinarischen Vorlieben von Einzelpersonen können Sie bei einem Bankett in der Regel keine Rücksicht nehmen. Sie können aber davon ausgehen, dass manche Speisen eher auf Akzeptanz stoßen als andere. Mit Gemüse, Nudel- und Reisbeilagen sowie Desserts bekommen Sie die geringsten Probleme, Vorsicht ist geboten mit Lamm, Wild, Wildgeflügel und Meeresfrüchten. Besprechen Sie mit der Bankett-Leitung die Möglichkeit, kurzfristig Alternativen anzubieten. Zudem können Sie mit einem Vermerk auf der Einladungskarte darum bitten, dass Vegetarier und Diätpatienten sich zwecks Menüabstimmung im Vorfeld bei Ihnen melden.

Ein Vermerk auf der Einladung hilft bei der Planung

Bauen Sie in jedes Menü – über die Nachspeise hinaus – mindestens einen fisch- und fleischlosen Gang ein: einen Salat mit Pilzen, eine Suppe auf Gemüsebasis, Pasta mit Kräutern. Bitten Sie die Küche, Sondergerichte so unauffällig wie möglich anzurichten, damit der jeweilige Gast nicht zum Zentrum der Aufmerksamkeit wird.

Die Tafel für Ihre Verlobung oder Hochzeit

Die Form	Es finden Platz	Vorteile	Nachteile
I-Tafel 	bis zirka 30 Personen	alle Gäste sind gebündelt, keiner fühlt sich durch Abwesenheit der Gastgeber an seinem Tisch zweitrangig, für Tischreden ist leicht Ruhe herzustellen	Gäste an den Stirnseiten können sich abgeschoben fühlen, abgerundete Stirnseiten mit zwei bis drei Plätzen können dem entgegenwirken
T-Tafel 	bis 40 Personen	Gastgeber haben den Überblick über alle Gäste, die meisten Gäste können die Gastgeber von vorn sehen	braucht viel Platz; Gefahr, dass Gäste Rücken an Rücken sitzen
U-Tafel 	zwischen 40 und 60 Personen	Gastgeber haben den Überblick über die Gäste	nicht alle Gäste sehen die Gastgeber, ohne sich zu drehen, einige Gäste sitzen Rücken an Rücken

Die Form	Es finden Platz	Vorteile	Nachteile
E-Tafel 	zwischen 40 und 60 Personen	Gastgeber haben den Überblick über die Gäste	nicht alle Gäste sehen die Gastgeber, ohne sich zu drehen, einige Gäste sitzen Rücken an Rücken
Kammtafel 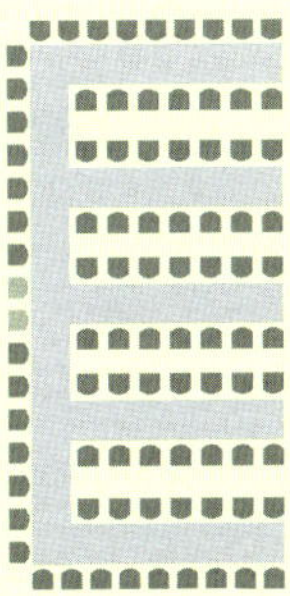	ab 60 Personen und erweiterbar, am schönsten mit ungerader Schenkelzahl	Gastgeber haben den Überblick über die Gäste	nicht alle Gäste sehen die Gastgeber, ohne sich zu drehen, einige Gäste sitzen Rücken an Rücken
Mehrere runde Tische 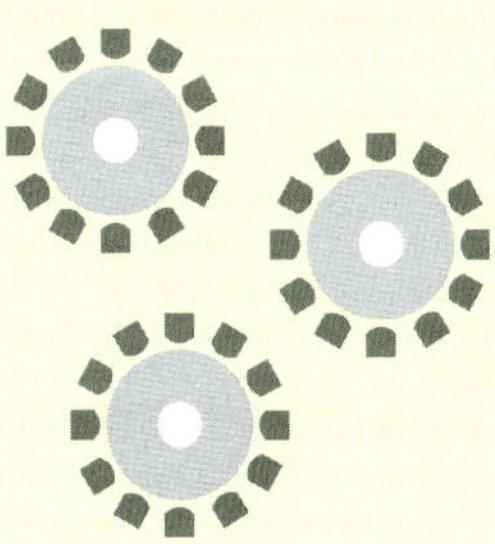	jeweils 8 bis 10 Personen, erweiterbar	in kleineren Gruppen ergeben sich Gespräche leichter; besondere Wertschätzung der Gäste am Ehrentisch; Last-Minute-Korrekturen der Gedeckzahl gut möglich	Abwesenheit der Gastgeber am Tisch kann für die Betroffenen den Eindruck von fehlender Wertschätzung entstehen lassen, bei Tischreden entsteht leicht Unruhe

Der Gastgeber als Gast

In Ihren eigenen vier Wänden sind Sie Autor, Intendant und Regisseur zugleich, im Restaurant teilen Sie sich die Verantwortung für Ihre Gäste mit Profis. Spielen Sie selbst Ihre Gastgeberrolle professionell, ist das Glück so gut wie perfekt.

»Die Karte bitte«: für Gäste bestellen

»Danke, dass ihr meine Einladung angenommen habt.« Erinnern Sie Ihre Gäste zu Anbeginn daran, dass Sie Regie führen. So weiß selbst ein nicht informierter Ober, dass Sie sein Ansprechpartner sind. »Was empfehlen Sie uns zum Aperitif?« Steuern Sie die Vorauswahl so, dass möglichst einheitliche Entscheidungen gefällt werden, und bieten Sie immer auch alkoholfreie Getränke an.

Der Ober überreicht jedem Gast eine Speisekarte, in einem exklusiven Ambiente eine »Gästekarte« ohne Preise und Ihnen die Karte mit Preisen; die Weinkarte legt er dazu oder bringt sie Ihnen nach der Bestellung. Bitten Sie ihn um eine persönliche Empfehlung, diese stärkt die Vertrauensbasis zwischen Ihnen, Ihren Gästen und dem Servicemitarbeiter.

Nicht immer ist jedoch zum Zeitpunkt der Verabredung klar, wer bezahlt. Damit jeder sich seiner Rolle entsprechend verhalten kann, führen Sie diese Klarheit zu Beginn des Essens herbei. »Ich freue mich so über diesen Termin, dass ich den Aperitif übernehme. Was haltet ihr von einem Crémant d'Alsace?« Spätestens jetzt weiß jeder, dass für den Fortlauf der Veranstaltung jeder für sich selbst zuständig ist.

So unterstützen Sie Ihre Gäste bei der Wahl der Speisen

Wer kennt die Situation nicht: Gäste wie Gastgeber starren schweigend auf die Karte, die eine weiß nicht, wo ihre Wahlfreiheit beginnt und endet, der andere hofft, dass die Gäste zwischen Bescheidenheit und Unverschämtheit die goldene Mitte finden. Wie vermeiden Sie diese unangenehme Situation?

Sie geben einen Rahmen vor: »Ich hoffe, Sie haben genug Zeit für ein Fünf-Gang-Menü mitgebracht«. Jetzt ist klar: Der Blick darf alle Abteilungen der Karte einbeziehen. Und es ist klar: Aus dem Acht-Gang-Degustations-Menu wird nichts. Oder Sie erweisen sich als Genießer, der bereit ist, andere an höchsten Genüssen partizipieren zu lassen: »Das Lammcarrée ist hier hervorragend. Andererseits … Steinbutt an Tomatenconcassé, hm, das habe ich schon lange nicht mehr gegessen.« Ihre Gäste wissen: Sie dürfen sich in hohe Preisregionen wagen.

Zeigen Sie sich als Kenner und beraten Sie Ihren Gast, mit dem Hauptgang beginnend: »Wonach steht Ihnen denn der Sinn beim Hauptgericht: Eher Fisch oder eher Fleisch?« Verknüpfen Sie im Gespräch die Vorlieben der Gäste untereinander und Ihre eigenen: »Wäre der gemischte Vorspeisenteller auch etwas für Sie?« Sie steuern dadurch auf eine einheitliche Wahl hin, die Ihrem Interesse dienlich ist:

→ Gleichzeitig hergestellte – weil gleiche – Speisen können problemlos gleichzeitig und in Bestform serviert werden.
→ Einheitliche Speisen erleichtern die Weinwahl.
→ Durch den gemeinsamen Genuss knüpfen beziehungsweise festigen Sie Ihre Beziehung.

Mit sanfter Hand steuern

Ist Ihr Budget begrenzt, wollen – oder können – Sie aber nicht Ihr Essen vorbestellen, sprechen Sie gleich zu Beginn Ihres Besuchs unter

4

vier Augen mit dem Restaurantleiter: Teilen Sie ihm offen Ihre Preisvorstellung mit und bitten Sie ihn, in diesem Rahmen ein Menü »extra für Sie« zusammenzustellen.

Ein typisches Gespräch vor Ihren Gästen verläuft dann so:

Ober mit Karten, hält diese noch: »Darf ich Ihnen die Karten reichen?«

Gastgeber: »Gern, doch sagen Sie bitte: Haben Sie nicht etwas Besonderes für uns?«

Ober: »Ich wusste ja, dass Sie kommen, und habe mich in der Küche schon kundig gemacht. Der Chefkoch hat auf dem Markt frische Pfifferlinge bekommen, allerdings nur eine begrenzte Menge. Doch für einen Zwischengang für Sie wäre das gerade ausreichend.«

Gastgeber, mit Blick in die Runde: »Das klingt verführerisch, was haltet ihr davon?« Zum Ober: »Haben Sie noch so einen guten Tipp?«

Ober: »Wir könnten darum herum ein kleines Vier-Gang-Menü komponieren. Wie wäre es mit …?«

Gastgeber, lässt die Gäste den Vorschlag genehmigen und Sonderwünsche äußern. Zum Ober: »Dann bitte sechsmal unser Spezial-Menü, aber davon zweimal den Hauptgang mit dem Fisch statt Fleisch. Und jetzt schon einmal ein Dankeschön an den Koch!«

Ihre Gäste fühlen sich durch Ihre sanfte Führung nicht gegängelt, sondern aufgewertet. Dass Sie mit der Wahl der Weine entsprechend verfahren, versteht sich von selbst: Budget festlegen, vom Ober empfehlen lassen, von den Gästen genehmigen lassen.

Wein bestellen und verkosten

Die Weinkarte weist (in Weinregionen) die Weine der jeweiligen Region an erster Stelle aus. Darauf folgen die übrigen Weinbauregionen des Landes, bevor es über Europa in die Neue Welt geht. Immer finden Sie gemäß gesetzlicher Vorschrift Angaben zu Region, Qualitätsstufe, Füllmenge und Preis. Alle übrigen Angaben wie beispielsweise die Rebsorte sind fakultativ.

Welche Weine Sie wählen, lesen Sie im Kapitel »Das Wissen der Experten« (→ Seite 46 ff.). Der bestellte Wein wird jeweils vor dem Gericht, zu dem Sie ihn trinken, präsentiert, der Sommelier kann, während Sie ihn verkosten, für Ihre Gäste die Herkunft und Art des Weines erläutern und warum er so gut zu der nun folgenden Speise passt. In dieser Zeit

- halten Sie den Probeschluck gegen das Licht, um die Klarheit des Weins zu erkennen,
- prüfen Sie mit der Nase das Bukett,
- verkosten Sie den Schluck, indem Sie ihn leicht – und lautlos! – kauen: Der Kontakt Ihres Weines und Ihrer Gesckmackspapillen sollte mindestens drei Sekunden dauern.

Jetzt können Sie einen etwaigen Korkgeschmack und eine unangemessene Temperatur reklamieren. Befinden Sie den Wein für gut, schenkt der (Wein-)Kellner allen Gästen ein, Ihnen zuletzt.

TIPP

Souverän delegieren

→ Mit Single-Gastgeberinnen tun sich Oberkellner, an denen die Emanzipation spurlos vorübergegangen ist, schwer. Spielen Sie ganz selbstverständlich Ihre Gastgeberinnenrolle oder delegieren Sie die Verantwortung genauso selbstverständlich – wenn Sie dies wollen – an den Oberkellner: »Verkosten Sie doch bitte für mich!« Auch ein männlicher Gastgeber, der sich mit Wein nicht auskennt, kann und sollte den Ober um Hilfe bitten. Können Sie Ihre Gäste gut einschätzen, dürfen Sie die Weinwahl und -verkostung auch ruhig an entsprechende Fachleute im Gästekreis delegieren. Doch Vorsicht: So mancher gibt sich als Weinkenner aus, ohne wirklich einer zu sein!

Wein glasweise? Warum nicht?

Sie können bei der Getränkewahl keinen Konsens erzielen? Ihre Gäste wollen »nur einen Schluck zum Zuprosten« trinken? Scheuen Sie sich nicht, Wein glasweise zu bestellen. Angebot und Nachfrage geben sich auch hier die Hand: Immer mehr gute Lokale bieten gute Weine aus guten Weingütern im Glasausschank an. Mal wird der Wein direkt im Glas serviert, mal in einer Karaffe und am Tisch in ein Glas eingeschenkt. Immer häufiger wird eine Weinflasche dem Gast präsentiert, geöffnet und der Wein nach dem Probeschluck vor seinen Augen in ein geeichtes Glas gefüllt. Es kann entsprechend aufgefüllt werden, der Gast/Gastgeber zahlt, was er verzehrt hat.

Glasausschank – heute durchaus gesellschaftsfähig

Wussten Sie übrigens, dass Helmut Schmidt nachgesagt wird, dass er sich zu seinen Bundeskanzlerzeiten bei Empfängen anstelle von Rotwein heimlich Coca-Cola ins Rotweinglas einschenken ließ? Und der französische Staatspräsident Jacques Chirac in Deutschland am liebsten ein frisch gezapftes Pils trinkt? Selbst wenn Sie den mit Ihrem Menü ideal harmonierenden Wein ausgewählt haben, erweisen Sie sich bitte als tolerant, wenn ein Gast einen alternativen Wunsch äußert. Sie brauchen Ihre Gäste nicht zu ihrem Glück zu zwingen. Sie brauchen sich auch nicht beim Sommelier zu rechtfertigen!

»Können Sie mal bitte kommen?«: Allianz mit dem Service

Ob Sie eine Freundin zum Business-Lunch ins Bistro einladen oder für Ihren Freundeskreis eine große kulinarische Oper inszenieren – Sie fahren stets am besten, wenn Sie die Restaurantmitarbeiter nicht als Gegen-, sondern als Mitspieler und das gelungene Essen als gemeinsames Ziel definieren.

Ungeschickt lässt grüßen

Ein Gast verliert eine Serviette oder ein Besteckteil? Ihr zuständiger Ober muss es sehen. Er reicht Ihnen Ihren Nachservice beim Hauptgang auf einem neuen Teller und entfernt den ersten, leeren Hauptgangteller? Er muss Ihnen ein neues Besteck nachdecken. Sie wollen schließlich nicht mit bereits benutztem Besteck in den Händen warten, bis der Kellner den Austausch vorgenommen hat.

Bei jedem Missgeschick gilt »ruhig Blut« – gerade wenn ein Gast es verursacht. Ihr Tischnachbar wirft ein Glas um? Bis der Ober die Deckserviette gebracht und die Scherben entfernt hat, können Sie vielleicht schon helfen, den Schaden einzugrenzen. Ein anderer Gast ist dabei in Mitleidenschaft gezogen worden? Bieten Sie leidenschaftslos Hilfe an und gehen Sie schnellstmöglich wieder zur Tagesordnung über. Peinlichkeit ist ansteckend!

Pannenhilfe: Kork im Wein, Schnecke im Salat? Richtig reklamieren

- Ist das Servicepersonal unaufmerksam und reicht eine wiederholte Aufforderung nicht, bitten Sie den Vorgesetzten um Unterstützung.
- Das Essen lässt auf sich warten? Ebenfalls emotionslos einschreiten.
- Der Wein korkt? »Ich weiß nicht recht…« Bitten Sie den Weinkellner, sich selbst ein Urteil zu bilden. In einem guten Restaurant wird die Flasche frag- und klaglos ersetzt, völlig gleichgültig, ob Sie nun tatsächlich Recht haben oder nicht.
- Das Essen schmeckt Ihnen nicht? Differenzieren Sie: Sind Ihre Gäste zufrieden, lassen Sie sich nichts anmerken. Sind sie es nicht, bitten Sie Ihren Ober, das Essen auszutauschen.
- Sie finden ein »Haar in der Suppe«? Essen Sie drum herum und bitten Sie den Ober, diskret bei allen Gästen zu prüfen, ob deren Speisen in Ordnung sind.

BEISPIEL

Erlebte Geschichte

→ Frau Schön wird nun schon zum dritten Mal Zeuge, wie der gleiche ältere Herr in Gegenwart einer jungen Dame im Restaurant den Wein moniert. Sie fragt die Wirtin, wie es sein kann, dass der Herr immer wieder Pech hat. »Ach was, der Wein ist in Ordnung, es ist immer das gleiche Spiel! Wir nehmen jedes Mal den Wein zurück, verkorken ihn wieder und öffnen ihn vor seinen Augen erneut. Beim zweiten Mal findet er den gleichen Wein immer in Ordnung und kommentiert das Procedere immer auf die gleiche Weise: ›Wie gut, dass ich so eine feine Nase habe.‹«

→ Sind Gäste betroffen, halten Sie Ihre – berechtigte – Enttäuschung im Zaum, bleiben Sie bei der Sache. Trennen Sie Ihre Wahrnehmungen von Ihren Vermutungen und Ihren Gefühlen.

Halten Sie Störungen bestmöglich von Ihren Gästen fern. Fordern Sie keinen Mitarbeiter vor Ihren Gästen zu Stellungnahme und Korrektur heraus. Regeln Sie die Angelegenheit unter vier Augen.

»Die Rechnung bitte«: für Gäste bezahlen

»One for the road«, der letzte Drink, bevor es auf den Heimweg geht, wird im angelsächsischen Raum angeboten, wenn das Ende eines gastlichen Miteinanders näher rückt. Scheuen Sie sich nicht, Ihre Gäste zu fragen, was Sie denn »als Letztes für sie tun können«. Bitten Sie den zuständigen Restaurantfachmann, »die Rechnung fertig zu machen«. Fügen Sie hinzu: »Ich komme dann zu Ihnen.« So ersparen Sie Ihren Gästen, Zeugen Ihrer Kontroll-Lektüre zu werden. Die muss sein: Je früher Sie einen Fehler bemerken, desto leichter ist er auszumerzen.

»Wer hatte denn nun was?« Eine Restaurantrechnung zu splitten heißt in den USA »to go Dutch«, wobei »dutch« das alte Wort für »deutsch« ist. Das minutiöse Nachrechnen wird unserem Kulturkreis zugeschrieben. Ersparen Sie sich und anderen die kleinliche Rechnerei, teilen Sie großzügig die Gesamtrechnung – plus Trinkgeld! – durch die Anzahl der Personen. Oder laden Sie doch einfach wieder einmal ein.

Ihr Dank für die Betreuung: das Trinkgeld

Ob Sie mit Karte oder bar bezahlen, geben Sie möglichst das Trinkgeld in bar; das ist für die Servicemitarbeiter praktisch und für Sie ebenfalls: Ihr direktes Lob ist bei Ihrem nächsten Besuch noch in Erinnerung und über den unmittelbaren Dank der Mitarbeiter freuen Sie sich schließlich auch.

Der Trinkgeldsatz ist in Deutschland nicht festgelegt. Bei kleinen Summen können Sie gut 10 Prozent geben und entsprechend aufrunden, bei großen Beträgen kann ein Kellner schon mit 5 Prozent zufrieden sein. Waren Sie und Ihre Gäste mit einer Leistung nicht zufrieden, differenzieren Sie nach dem Verursacherprinzip. Vielleicht hat ja der Service nach dem Beheben einer von der Küche verursachten Panne ein ganz besonderes Trinkgeld verdient …

Ist Geiz geil? Die Trinkgeldfrage

In anderen Ländern ist es üblich, sich das Rückgeld geben zu lassen und eine davon unabhängige Summe als »tip« auf dem Tisch beziehungsweise dem dafür bestimmten Teller zu hinterlassen. Seit der Euro-Einführung wird das auch in Deutschland immer üblicher.

Der Weg hinaus

Als Gastgeber haben Sie das Restaurant als Erster betreten, beim Hinausgehen lassen Sie Ihren Gästen den Vortritt. Ein Kellner oder die Garderobenfrau reicht die Mäntel, gegebenenfalls ist sie oder Sie selbst beim Anziehen behilflich.

5

Get together: Anlässe, Gäste einzuladen

→ Möchten Sie sich endlich wieder einmal im vertrauten Kreis austauschen? Wollen Sie zum Geburtstag einen nostalgischen Blick in die gemeinsam durchlebten Jahrzehnte werfen? Gilt es, eine alte Lebensstufe zu verlassen und eine neue zu betreten? Das Ritual um ein gemeinsames Mahl markiert jede Etappe für die Erinnerung.

Breakfast + Lunch = Brunch

Wer möchte nicht am Wochenende endlich einmal ausschlafen? Wer möchte sich nicht nach einer anstrengenden Woche entspannt mit lieben Menschen austauschen? Wer möchte dabei nicht einfach mal seine Uhr ablegen und sommertags die Füße auf dem Rasen kühlen? Für eine Einladung zum verlängerten Frühstück, der Mischung aus Breakfast und Lunch, ist jede und jeder zu haben!

Die folgende Übersicht ist keinesfalls als Checkliste, sondern als Inspirationsquelle gedacht. Auf Vollständigkeit dürfen Sie beim Brunch verzichten, Hauptsache, Sie haben – bis auf die Brötchen – am Vortag alles eingekauft und am Vorabend die Utensilien gerichtet.

Was Ihre Gäste gern am Vormittag trinken

- Kaffee: mit und ohne Koffein, Cappuccino, Latte macchiato
- Tee: schwarz, grün, Früchte und Kräuter
- nicht nur für Kinder: Milch, Kakao, Ovomaltine
- Mineralwasser mit und ohne Kohlensäure
- Säfte aus Obst und Gemüse
- Schaumwein in ausreichender Menge: so kann der Tag beginnen
- Weiß- und Rotweine, eher jung, leicht und kühl als schwer
- Bier, bei einer großen Gästezahl ruhig ein Fässchen
- diverse Limonaden

Nicht für den Brunch geeignet sind Bargetränke wie alkoholhaltige Cocktails, Liköre und hochprozentige Spirituosen.

Eine Warmhaltekanne mit heißem Wasser lässt den Teetrinker schaudern. Schwarzer Tee schmeckt nur dann wirklich gut, wenn er mit kochend heißem Wasser aufgebrüht ist. Wollen Sie nicht für jede Kanne Tee in die Küche gehen, stellen Sie einen Samowar auf Ihr Buffet – das mag teuer und umständlich sein, ist aber ausgesprochen dekorativ.

Leckeres für den Start in den Tag

→ KLASSISCH: frische Brötchen, Croissants, Wiener Gebäck, Baguette, Ciabatta, dunkles Brot, diverse Marmeladen, Honig, Schoko- und Nuss-Cremes

→ GESUND: frisches Obst von Ananas bis Zwetschge, rohes Gemüse von Avocado bis Zucchino, Milch und Milchprodukte wie Joghurt und Quark, Cornflakes, Müsli, Haferflocken, Gemüsesticks mit Dips

→ DEFTIG: Käse, Schinken und Wurst, Eier, gekocht und/oder gebraten, Rührei, Fleisch-, Fisch- und Gemüseterrinen, Lachs, Makrele, Matjes, geräucherte Forelle, frische und angemachte Salate, Krabben- und andere Cocktails

→ EXOTISCH: Straußenschinken, Couscous, Sushi, Humus, selbst gemachte Hamburger

→ WARM: Kräutersuppe, deftiger Eintopf, Münchner Weißwürste mit süßem Senf, diverse Pizzen und/oder Quiche, Lasagne und/oder Kartoffelgratin, Bratenfleisch

→ SÜSS: Obstsalat, Eis, Cremes wie Crème caramel, Mousse au chocolat

Damit es auch beim Brot hygienisch zugeht: Zangen zum Bedienen nicht vergessen. Und decken Sie die auf dem Brotbrett liegenden Brotlaibe jeweils mit einer Stoffserviette ab, damit die Gäste sie beim Schneiden nicht direkt berühren.

Es geht auch ohne Klatsch – der Nachmittagskaffee

In unserer hektischen Zeit ist dieser Brauch meist auf Sonn- und Feiertage beschränkt. Grund genug, Freunde oder Nachbarn zwischendurch einmal auf ein Plauderstündchen zu bitten, ins Wohnzimmer, in die Gartenlaube oder auf den Balkon.

Kaffee und Kuchen

Sie können Ihre Gäste im Voraus nach ihren Vorlieben fragen und entsprechend vorbereiten, doch ein breites Angebot an Tee- und Kaffeesorten und Kuchen wirkt großzügiger.

Das Gedeck umfasst Kuchenteller, Kuchengabel, Serviette und rechts davon Kaffee- oder Teetasse nebst Löffel auf der Untertasse. Zum Einschenken nehmen Sie Tasse mit Untertasse vom Tisch und füllen im Stehen hinter der rechten Schulter eines Gastes das Getränk ein. Ist beim Verzehr der Weg vom Tisch zum Mund sehr weit – zum Beispiel am Couchtisch -, gehen Sie mit gutem Beispiel voran und heben Sie die Untertasse mit der Tasse hoch. Kaffeelöffel werden nach dem Umrühren aus der Tasse entfernt, auf der Untertasse deponiert und nie abgeleckt.

Trockene Kuchen dürfen mit den Händen gegessen werden

Wollen Sie verhindern, dass Ihre Gäste es beim Verzehr eines einzigen Stückchens Kuchen bewenden lassen, reichen Sie kleine Stücke verschiedener Kuchen- und Tortenarten. Besorgen Sie gegebenenfalls Diabetikerkuchen. Manche Gäste essen lieber Herzhaftes als Süßes. Ein paar delikate Schnittchen wären nicht schlecht.

Feiern im Freien

Ursprünglich ist das *pique-nique* eine aus von den Beteiligten mitgebrachten Kleinigkeiten bestehende Mahlzeit im Freien. Sind Sie allein verantwortlich, bieten sich Salate, Sandwiches, Häppchen, Cremes an – am besten Finger Food und Speisen, zu deren Verzehr Sie nur ein Besteckteil benötigen.

Ohne Planung ist alles nichts

Testen Sie den Rahmen an dem Wochentag und zu der Tageszeit, zu der Sie sich mit Gästen dort aufhalten werden: Wer außer Ihnen mag diesen Ort? Können sich Anwohner gestört fühlen? Können Weidevieh oder Ungeziefer Ihnen den Spaß verderben? Wo können Ihre Gäste sich die Hände waschen?

Gehen Sie zudem Ihre potenzielle Gästeliste durch: Sind auch alle Adressaten für eine Veranstaltung, bei der Sie einen Teil der Regie an die Natur abgeben, qualifiziert?

Die Mindestanforderungen an eine Außer-Haus-Bewirtung sind:

- Sitzgelegenheiten, die Kühle und Nässe abhalten, eventuell Isomatten
- eine Präsentationsfläche, die Unebenheiten ausgleicht: Tisch mit verstellbaren Beinen, Decke mit fester Unterlage
- Tischtuch und Servietten
- Besteck, Geschirr, Gläser, Tassen; kein Plastik- oder Pappgeschirr
- Servierbesteck, Geschirrtücher
- Korkenzieher, Flaschenöffner
- Kühlvorrichtungen, ein Plastikkorb, in dem Sie Flaschen in einen Bach hängen können
- Folie zum Abdecken von Resten, Abfalltüten

Auf dem beruflichen Parkett:

Einstand und Ausstand

»Der erste Eindruck prägt, der letzte bleibt«: Sind Sie neu in einem Unternehmen, müssen Sie sich die – vielleicht nicht immer – offensichtlichen Regeln, die auf diesem Spielfeld gelten, vergegenwärtigen – auch was Ihren Einstand betrifft. Bis zum Ausstand haben Sie dann – hoffentlich – genügend Zeit, diese Regeln in allen Einzelheiten zu lernen. Sie bei aller Emotionalität bis zuletzt zu respektieren ist ein Kunststück für viele.

Der Einstand

Die erfolgreiche Beendigung der Probezeit ist ein idealer Augenblick, zur Einstandsfeier zu bitten. Feiern Sie bitte nur, wenn es in Ihrer Abteilung üblich ist – und in der hier üblichen Form. Holen Sie sich von Ihrem Vorgesetzten die Erlaubnis, am Arbeitsplatz und gegebenenfalls während der Arbeitszeit Ihren Umtrunk zu veranstalten. Klären Sie mit den Kollegen:

- Welche Tageszeit ist günstig?
- Welche Getränke sind üblich: Sekt oder Selters, Kaffee oder Champagner? Ist Alkohol überhaupt erlaubt?
- Was soll es zu essen geben: Sind Butterbrezeln üblich oder wird normalerweise beim Traiteur ein Plateau de fruits de mer bestellt?
- Welche Ausgaben machen andere auf Ihrer Hierarchiestufe?
- Sind andere neue Kollegen daran interessiert, sich die Kosten zu teilen?
- Dürfen Sie die für die Allgemeinheit gedachten Kühlschränke und das entsprechende Geschirr benutzen? Hinterher alle Spuren beseitigen!

Der Ausstand

Ob Sie freiwillig die Abteilung verlassen oder gehen müssen, ob Sie einen Karrieresprung machen oder in die Arbeitslosigkeit rutschen, ob Sie gut in die Abteilung integriert waren oder eher Außenseiter – beim Ausstand ist menschliche Größe gefragt. Sie brauchen nicht großzügig zu sein, wenn man Sie kleinlich behandelt hat, Sie brauchen nicht Witze zu reißen, wenn Ihnen zum Heulen ist. Doch sang- und klanglos verschwinden oder aber verbrannte Erde hinterlassen – das dürfen Sie nicht! Legen Sie ein Mindestmaß an Disziplin an den Tag, um sich von der Schicksalsgemeinschaft, der Sie eine Weile angehört haben, zu verabschieden. Sie bleiben dadurch in Erinnerung als jemand, der souverän seine Würde zu wahren wusste. Vor allem erleichtern Sie sich durch das Ritual den Absprung in den nächsten Lebensabschnitt.

Sind Sie Führungskraft, kann es sein, dass Ihre Abteilung den Ausstand für Sie organisiert. Dann sind Sie Gast und müssen mit den Veranstaltern klären, ob Ihr Ehepartner dabei erwünscht ist. Selbst wenn Sie Ehrengast sind, klären Sie, ob tatsächlich alle Kollegen und die direkten Vorgesetzten sowie möglicherweise Ihr Pendant aus der einen oder anderen Abteilung und Lieferanten und Geschäftspartner eingeladen sind. Würde jemand ausgegrenzt, fiele das auf Sie zurück.

Verzichten Sie auch nicht auf eine kleine Ansprache:

- Danken Sie Ihren Gästen für das Kommen.
- Resümieren Sie in neutralen bis positiven Worten Ihre Zeit im Unternehmen.
- Danken Sie Kollegen und Vorgesetzten für ihr Vertrauen, ihre Offenheit, ihre Unterstützung.

TIPP

Persönlich einladen

→ Erwarten Sie nicht, dass alle Vorgesetzten und Kollegen Ihren Aushang lesen. Sprechen Sie jede und jeden, den Sie dabeihaben wollen, persönlich an. Mit den Antworten bekommen Sie einen Überblick über die Teilnehmerzahl.

- Nicht persönlich gemünzte Einschränkungen dürfen Sie gern machen. Zu verschweigen, dass hier nicht alles Friede und Freude war, wäre unrealistisch. Verzichten Sie aber darauf, mit Gegenspielern, Nörglern, Mobbern abzurechnen. Am leichtesten wahren Sie Ihr Gesicht mit einer Prise Humor.
- Wünschen Sie Ihren Gästen, der Abteilung, dem Unternehmen eine erfolgreiche Zukunft.
- Packen Sie ein weißes Stofftaschentuch ein für den Fall, dass Sie Thema einer ehrenden Abschiedsrede sind.

Sollen Sie im Büro Ihre Privatadresse hinterlassen? Das hängt von Ihrer Akzeptanz vor Ihrem Weggang ab. Wer früher Ihre Adresse nicht brauchte, wird Sie auch nach Ihrem Abschied nicht kontaktieren.

Jetzt geht's los: Verlobung und Hochzeit

Was vor wenigen Jahren noch als spießig abgetan wurde, ist wieder in: die Verlobung als verbindliches Eheversprechen. Sie findet traditionell im Haus der Brauteltern oder auf ihre Kosten im Restaurant statt, Varianten sind heute natürlich möglich.

Verlobung: Hochzeit im Kleinen

Meist wird die Verlobung im kleinen Kreis der Eltern, Geschwister und späteren Trauzeugen gefeiert. Entsprechend wird meist auf vorgedruckten, handschriftlich vervollständigten Karten eingeladen, die

Öffentlichkeit wird nach dem Fest mit einer Anzeige in der Lokalzeitung informiert: »Als Verlobte grüßen …« Geschenke dürfen Sie in diesem Fall nur von den geladenen Gästen erwarten. Bei einer Trennung des Paares vor der Eheschließung sind übrigens traditionsgemäß alle wertvollen Präsente zurückzugeben.

Das Procedere ist festlich, doch nicht förmlich und gilt nicht als Probelauf für die Hochzeitsfeier. Die Brautleute platzieren die Familien bei Tisch so, dass sie miteinander in Kontakt treten können. Sie selbst sitzen nebeneinander, die übrigen Paare nicht. Der Brautvater kann eine kurze Rede halten, am besten zwischen Hauptgang und Dessert. Der Bräutigam sollte das auf jeden Fall tun. In diesem Zusammenhang können sich die Brautleute die Ringe – aus deren Rund das Glück nicht entweichen kann – gegenseitig an die Ringfinger der linken Hand stecken.

Vor dem Ja-Wort: der Polterabend

Gemäß der Tradition wird zu einem Polterabend nicht eingeladen. Heute ist das jedoch meist anders, zumal er die Gelegenheit bietet, Kollegen, Nachbarn und entfernte Verwandte, die nicht zum Hauptfest eingeladen werden (können), an den Feierlichkeiten teilhaben zu lassen. Die Einladung kann per Brief, Fax, E-Mail oder (fern-)mündlich erfolgen – so zwanglos, wie der Abend ablaufen wird.

Sie können in Ihrer Garage Biertische und Bänke aufstellen, die Gäste Speisen mitbringen lassen, ein Bierfass anstechen und am nächsten Morgen putzen. Sie können genauso gut die Dependance eines Luxushotels in der freien Natur nebst Band buchen und sich nach einer Ballonfahrt oder einer Oldtimer-Rallye auf englischem Rasen von Smokingträgern bedienen lassen.

Üblicherweise wird bei einem Polterabend ein rustikales Büfett bereitgestellt, es wird Bier, Wein und (wenig) Wasser getrunken, gesungen und gelacht. Lassen Sie einen Freund Fotos machen. Er wäre schade, wenn es keine Reportage von Ihren Kehraktionen gäbe! Denn das Aufsammeln der Scherben bleibt jenseits allen Aberglaubens das A und O.

Feiern Sie außer Haus und lassen Sie – entgegen der Tradition, nach der die Gäste am Vorabend der Vermählung mit dem Zerschlagen von Geschirr die bösen Geister vom Brautpaar fern halten – ein paar Tage vorher poltern: Sie wollen doch ausgeschlafen in Brautkleid und Anzug schlüpfen! Dafür brauchen Sie genügend Freiraum.

TIPP

Über den Tellerrand geschaut

→ Ein französischer Bräutigam kauft zur Verlobung noch nicht die Eheringe, sondern einen Brillantring für die Braut. Man kann in Deutschland das eine tun, ohne das andere zu lassen. Und wenn die Braut ebenfalls ein wertvolles Geschenk überreichen kann, wie z. B. Manschettenknöpfe aus edlem Metall, ist die Sache auch nicht einseitig.

Wenn zwei sich auf den Weg machen: die Hochzeit

Bei einer Vermählung verbinden sich nicht nur zwei Individuen »bis dass der Tod euch scheidet«, da mischen sich zwei Familien, oft genug sogar zwei Kulturen – welch entscheidender Einschnitt in einen Lebenslauf. Wohl deshalb sind in unserer an Ritualen armen Zeit die meisten lebendigen Bräuche im Umfeld einer Hochzeit zu finden. Sie können die einen für Ihr Fest nutzen und auf die anderen aus praktischen Erwägungen verzichten.

Money, Money: was eine Hochzeit kosten kann

Medienberichten zufolge geben Deutsche für ihre Hochzeit derzeit im Schnitt zirka 10.000 Euro aus. Mit den Cent-Stücken, die die Braut im

Vorfeld sammelt, kommt gerade einmal der Betrag für die Brautschuhe zusammen. Um mithilfe einer Kalkulation den Überblick zu bekommen und zu behalten, notieren Sie diese Punkte:

- STANDESAMT: Familienstammbuch, Heiratsurkunden
- KIRCHE: Gebühren, Blumenschmuck, Musik
- EINLADUNG UND DANKSAGUNG: Karten mit Porto, Zeitungsannonce, Danksagungen mit Porto
- ERSCHEINUNGSBILD: Kleid/Kostüm/Schuhe und Anzug/Hemd/Schuhe für das Standesamt; Brautkleid/Schleier/Schuhe; Anzug/Hemd/Schuhe für Kirche und Feier; Friseur
- EHERINGE: Gold oder Silber; mit Stein oder ohne
- BLUMEN: Brautstrauß, Sträuße für Brautjungfern, Streublumen für Blumenkinder, Myrtenanstecker für Gäste, Autoschmuck
- FAHRZEUGE: Kutsche, Limousine
- FEIERN: Polterabend; Sektempfang im Standesamt; Speisen und Getränke im Restaurant/Partyservice; Saalmiete; Tischdekoration; Menü- und Tischkarten; Musik; Künstler; Fotograf; Filme, Entwicklung …

Differenzieren Sie Ihre Gästeliste nach Personen, die Sie auf jeden Fall bei der großen Feier dabeihaben wollen, und solche, die Ihnen weniger am Herzen liegen.

Legen Sie sich eine für Ihren Bedarf sinnvolle Punkteliste an, holen Sie bei der Planung Vergleichsangebote ein und tragen Sie alle Beträge ein. Übersteigen die so ermittelten Beträge Ihr Budget, können Sie Ihre Gästeliste oder das Angebot um einzelne Punkte beziehungsweise Aspekte reduzieren.

Wer ist die Schönste hier?

»Niemals schöner als die Braut«, so lautet die erste Kleiderregel für Hochzeitsfeiern. Damit Ihre Gäste ihr entsprechen können, teilen Sie ihnen mit, wie Sie sich das Gesamtbild vorstellen. Zum Einhalten der zweiten Regel brauchen Ihre Gäste Ihre Hilfe nicht, sie sollten wissen: Weiß ist der Braut vorbehalten, Schwarz den Anzügen der Männer.

Als Braut können Sie den alten englischen Grundsatz beherzigen: »Something old, something new, something borrowed, something blue«. Dann tragen Sie etwas Altes zur Erinnerung an den Lebensabschnitt, den Sie nun hinter sich lassen, etwas Neues für das vor Ihnen liegende Leben, etwas Geliehenes als Zeichen der Verbundenheit und etwas Blaues – meist ein blaues Strumpfband – als Sinnbild Ihrer ehelichen Treue.

BEISPIEL

Erlebte Geschichte

→ »Die Braut trägt lang. Die weiblichen Gäste mögen bitte im hellen, knieumspielenden Kleid mit Hut und Handschuhen erscheinen, die Herren im eleganten Anzug mit Krawatte.« Frau Kunz, die diese Einladung in der Hand hält, ist empört: Sie hätte schon selbst gewusst, dass nur dieses Outfit das richtige ist. Frau Schneider ereifert sich aus einem anderen Grund: »Wenn die Braut schon lang trägt, darf ich das doch wohl auch!« Recht haben sie beide. Hätte die Braut das doch nur mündlich abgeklärt!

Die Geschenke

In manchen Gegenden ist es noch üblich, Geld zur Finanzierung der Feierlichkeiten zu schenken. Gängiger sind heutzutage Hochzeitstische und Geschenklisten; vergessen Sie nicht, auch preiswerte Geschenke darauf zu setzen!

Für einen nicht unmittelbar am Ort ansässigen Gästekreis ist ein virtueller Hochzeitstisch im Internet sehr gut geeignet. Sie nennen Interessenten die Homepage, stellen von Ihnen gewünschte Objekte mit Foto, Beschreibung, Stückzahl und Preis ins Netz und aktualisieren sukzessive die Rubrik »Wir brauchen noch«. Entsprechend entscheidet jeder Schenkwillige, was er in den Warenkorb legen möchte. Für den Notfall richten Sie vor Ort einen Tisch her, auf dem Ihre Gäste noch Geschenke deponieren können.

Wie man sich setzt …

Ob Sie Ihre Gäste an mehreren Tischen verteilen oder um eine einzige große Tafel gruppieren, ob Sie dem Anlass gemäß die beiden Familien mischen oder sie zum Beispiel aus sprachlichen Gründen trennen – immer sitzen Braut und Bräutigam für möglichst viele Gäste sichtbar nebeneinander in der Mitte einer Längsseite ihres Tisches. Der Bräutigam sitzt – sie ehrend – links von der Braut, Eltern und Trauzeugen, gegebenenfalls der Pfarrer ganz in der Nähe des Brautpaars. Die übrigen Paare werden – zur Förderung der Kommunikation – so getrennt, dass die Partner einander sehen können. Im Einzelnen bieten sich diese grundsätzlichen Varianten an:

- Zur Rechten der Braut sitzt der Vater des Bräutigams, neben ihm die Mutter der Braut, daneben der Pfarrer. Neben dem Bräutigam sitzt seine Mutter, links von ihr der Vater der Braut.
- Brautvater und Mutter des Bräutigams sitzen ihrem jeweiligen Kind gegenüber. Die Brautmutter sitzt dann links vom Bräutigam, der Vater des Bräutigams neben der Braut. Daran anschließend werden die Großeltern platziert.

Gibt es bei der Hochzeit einen Ehrentisch? Dann versammeln die Brautleute an ihrem Tisch neben den Eltern, Großeltern und dem Pfarrer auch ihre Paten, Geschwister, Trauzeugen, Brautjungfern und Brautführer. Beehren Sie im Lauf des Festes jeden Tisch für eine Viertelstunde mit Ihrer Anwesenheit.

Aktivitäten beim Fest

Je nach Mobilitätsgrad des Brautpaars sind schon auf dem Weg vom Standesamt beziehungsweise von der Kirche bis zur Feier einige Hindernisse zu meistern, die die Harmonie in der neuen Gemeinschaft auf die Probe stellen. Hier müssen sich die Brautleute gemeinsam durch ein Spalier schlängeln. Dort müssen sie einen Baumstamm zersägen oder sich an Seilbarrieren den freien Durchgang erkaufen. Der erste Tanz – in der Regel ein Walzer – gehört, vor aller Augen, dem Paar. Während des Festes kann die Braut entführt werden – immer mit Brautstrauß! – und der Bräutigam muss sie suchen und auslösen.

Alles, was während der Feier geschieht, dient der Ehre des Brautpaars. Der Brautvater hält die erste Rede – es sei denn, der Pfarrer ist anwesend, dann würde er die Rednerliste anführen. Wer darüber hinaus das Wort ergreifen will – warum nicht auch die Braut? –, muss dies im Vorfeld anmelden, damit die Reden aufeinander und auf den Service abgestimmt werden können.

Spiel und Spaß machen Laune

Erinnerungsfotos kann es nie zu viele geben. Eine neue Form, die Gäste an das Fest zu erinnern, ist eine CD-ROM zum Selbermachen.

Glücksboten sind immer gern gesehen: So soll das Werfen von Reis die Fruchtbarkeit des Paars erhöhen. Auch die nächste Hochzeit wird schon vorbereitet: Wer beim Schleiertanz ein Stück erwischt oder beim Straußwerfen den Brautstrauß fängt, ist die nächste Braut. Für männliche Singles kann der Bräutigam das Brautstrumpfband in den Raum werfen. Darüber hinaus werden Musikstücke gespielt, Gedichte vorgetragen, Multivisionsshows präsentiert und die Hochzeitszeitung verlesen: Es darf gelacht werden!

Auch der schönste Tag geht zu Ende

Bevor der Bräutigam seine frisch angetraute Frau zur Ablenkung der bösen Geister über die Schwelle trägt, müssen dem guten Brauch entsprechend noch andere Schritte erfolgt sein. In manchen Regionen wird der Braut der Schleier abgenommen und eine Haube aufgesetzt: Jetzt ist sie »unter der Haube«. Auf jeden Fall tanzt das Brautpaar den letzten Walzer des Tages, die Gäste stellen sich im Kreis auf, damit sich die Brautleute verabschieden können.

Bitte hersehen: das neue Heim

Sollen viele Menschen schnell ihre Neugier stillen und Ihre neue Wohnstätte begutachten dürfen? Oder wollen Sie den gelungenen Umzug zum Anlass nehmen, endlich Freunde und Bekannte wiederzusehen, die – möglicherweise wegen Ihrer Bau- und Umzugsaktivitäten – in jüngster Zeit zu kurz gekommen sind? Sie entscheiden!

Eine einfache Sache: das Richtfest

Es ist üblich, auf das gute Gelingen eines Hausbaus anzustoßen, wenn die Zimmerleute den Dachstuhl fertig gestellt haben. In manchen Gegenden wird der Pfarrer um seinen Segen gebeten. Auf jeden Fall sind die Planer sowie die Vertreter aller Gewerke eingeladen, die bis hierher tätig waren. Der ranghöchste Zimmermann wünscht mit dem Richtspruch dem Bau und dem Bauherrn alles Gute. Nachbarn und gute Freunde schließen sich an.

Die Verpflegung ist so unkompliziert wie das Umfeld unfertig. Meist wird ein Malertisch zum Büfett umfunktioniert, es gibt belegte Brötchen und Butterbrezeln, vielleicht Fleischkäse, dazu genügend Bier, Wasser und Wein aus der Kühltasche.

Housewarming: den neuen Platz mit Wärme füllen

Die Gestaltung der Einweihung sollte dem Stil des Hauses – rustikal, von postmoderner Schlichtheit, von nobler Eleganz – entsprechen.

Dabei können Sie

- in kleinen Gruppen einladen und nach dem Rundgang zum Essen bitten; der Nachteil: Sie sind wochenlang beschäftigt.
- alle auf einmal zur Cocktail-Party bitten und mehrere Führungen veranstalten; der Nachteil: Sie sind ständig unterwegs.

Wollen Sie jedem Gast ein Gefühl für jeden Raum vermitteln, bitten Sie zum Walking Dinner und wechseln bei jedem Gang den Tisch und das Zimmer. Sie können die Dekoration variieren. Der Nachteil: Sie müssen am Tag danach das gesamte Haus aufräumen.

Taufe und Erstkommunion

Im Gegensatz zu anderen Festen kann der Ehrengast bei der Taufe nicht um sein Einverständnis gebeten werden und auch ein Kommunionkind ist nicht der richtige Ansprechpartner in Detailfragen. Gestalten Sie daher die gesamten Feierlichkeiten stets in Hinblick auf das Wohl des Kindes – auch damit Geschrei auf den Moment begrenzt bleiben kann, in dem der Täufling mit dem Taufwasser in Berührung kommt.

Ort und Zeit: wann Sie wo feiern

In der Regel findet eine Taufe an einem Sonntag innerhalb der ersten Lebensmonate in der Kirche der eigenen Gemeinde statt. Der Tag der Erstkommunion, die erstmalige Teilnahme junger katholischer Chris-

TIPP

Über den Tellerrand geschaut

→ In Frankreich werden allen Tauf- und Erstkommunionsgästen beim Abschied in hübsche Schachteln verpackte Dragées (mit Zuckerguss überzogene Mandeln) überreicht. Übertragen Sie diese nette Geste auf alle Gratulanten, auch abwesende.

ten an der Feier zur Erinnerung an das Abendmahl Jesu, ist traditionell der Weiße Sonntag, heute aber häufig ein Sonntag im Frühjahr, der sich in den Zeitablauf von Priestern und Gemeinden einfügt.
Da der (Haupt-)Gottesdienst am Vormittag zelebriert wird, werden die meisten Taufen und Erstkommunionen tagsüber gefeiert. Es bieten sich entsprechend dem zur Verfügung stehenden Budget, der Zahl der zu erwartenden Gäste und deren Anreisezeiten diverse Formen an:

- Empfang nach der Kirche für einen großen Gästekreis, Mittagessen für die Kernfamilie an einem anderen Ort
- Brunch oder Mittagessen zu Hause oder in einem Lokal
- Mittagessen im Lokal und Kaffeetrinken zu Hause
- Brunch zu Hause, am Nachmittag gemeinsamer Spaziergang, Abendessen zu Hause oder im Lokal

Die Erstkommunion ist ein großer Tag im Leben eines katholischen Kindes, seine Vorbereitung in der Pfarrei findet heute auf kindgerechte und ganzheitliche Art und Weise statt. Und so sollten Sie den gesamten Tag begehen. Ersparen Sie Ihrem Kind stundenlanges Stillsitzen an einer Tafel, bauen Sie für den Nachmittag gemeinsame Aktivitäten und Spiele für Kinder und Erwachsene ein. Bei Hausmusik darf das Kommunionkind im Publikum sitzen.

Wen Sie wie einladen

Ob Sie bei der Gestaltung der Karten niedlicher Romantik oder edler Bescheidenheit den Vorzug geben, ist von Ihrem Geschmack abhängig. Die Tischdekoration beim Fest sollte ihr jedoch entsprechen. Neben Eltern und Großeltern sind die Paten Gäste bei der gesamten Veranstaltung. Die Geistlichen – bei einer evangelischen Taufe mit Ehepartner – werden Ihrem Fest nur einen kurzen Besuch abstatten, betrachten Sie das in Anbetracht der zahlreichen Verpflichtungen als Würdigung der kleinen Hauptperson. Auch entferntere Verwandte, Freunde, Nachbarn können auf der Gästeliste stehen.

Die Kleiderfrage

Zu diesen hohen Ehrentagen ist die Angabe eines Kleidungsvermerks auf der Einladung nicht üblich. Nicht immer trägt das Taufkind ein Kleid aus dem Brautschleier der Mutter, nicht immer trägt ein Mädchen zur Kommunion ein weißes Kleid oder der Junge einen dunklen Anzug. Entsprechend müssen Eltern und Gäste nicht zwingend in gehobener Garderobe erscheinen. Einen Unterschied zur Alltagskleidung sollte der Tag aber allen Beteiligten wert sein.

Für die Kinder ein weißes Hemd mit neuer Stoffhose, ein dezentes Sommerkleid und feste Schuhe – keine Sportschuhe! –, das wird in vielen Gemeinden als angemessen erachtet. Keine Jeans, kein Minirock, keine Spaghettiträger – auch bei den Geschwistern nicht. Ohne Jackett sollte ein Vater nicht in der Kirche erscheinen, die Mutter nicht ohne ein Kleid oder Kostüm.

» Ein Leben ohne Feste
ist wie ein langer Weg
ohne Einkehr. «

[Demokrit | *griechischer Philosoph*]

Happy Birthday: wenn Kinder Feste feiern

Kinderfeste sollen in Erinnerung bleiben – bei den jugendlichen wie den erwachsenen Gastgebern. Das ist bei einer größeren Party mit viel »Action« sicherlich eher der Fall als beim Kinobesuch mit anschließendem Essen im Fast-Food-Restaurant. Damit ein Fest in guter Erinnerung bleibt, ist Disziplin gefragt – bei Kindern und Eltern.

Eltern als Assistenten

Besprechen Sie mit den jungen Veranstaltern den Rahmen und beraten Sie sie bei der Erstellung der Gästeliste. Es sind einzuladen: die besten Freunde, solche, die es werden sollen, und die Gastgeber der Feste, zu denen Ihre Kinder in letzter Zeit eingeladen waren. Wurde Ihr Kind bei einem Fest nicht eingeladen, zahlen Sie nicht unüberlegt mit gleicher Münze heim; ermitteln Sie zumindest den Grund, bevor Sie dieses Kind von Ihrer Einladungsliste streichen. Bieten Sie zudem auch neuen Mitschülern und Nachbarskindern die Möglichkeit, sich zu integrieren.

Kleine Gruppen, viele Spiele, mehrere Betreuer schonen Mobiliar und Nerven

Erkundigen Sie sich im Vorfeld nach den Ernährungsvorschriften der kleinen Gäste. Nicht nur ausländische Kinder sind Einschränkungen unterworfen. Vielleicht ist ein Diabetiker dabei, vielleicht ein Vegetarier.

Sorgen Sie nicht nur bei Kindern im Vorschulalter für einen Bring- und Abholdienst. Der Kontakt zu den Eltern bietet gute Anknüpfungsmöglichkeiten – vom kurzen Informationsaustausch bis zum geselligen Umtrunk. Begrenzen Sie Feste mit Kindergartenkindern auf zwei bis drei Stunden – es sei denn, Sie hätten eine entsprechende pädagogische Ausbildung und Nerven wie Drahtseile. Oder laden Sie gleich einen Mix von Eltern und Nachwuchs ein.

Mit den Jahren nimmt die Bereitschaft, Erwachsene dabeizuhaben, ab. Verhandeln Sie mit Ihrer Tochter, Ihrem Sohn, wie lange Sie sie zu welchen Aktivitäten mit den Gästen allein lassen. Schauen Sie zwischendurch diskret herein: Vielleicht ist Ihre Unterstützung trotz Ihres Alters willkommen. Machen Sie lieber Angebote, anstatt kontrollierenden Druck auszuüben.

Das Kind als Gastgeber

Spätestens von der dritten Grundschulklasse an häufen sich die Pflichten der Hauptperson im Lauf der Jahre immer mehr:

1. Einladungen schriftlich verfassen. Anfang und Ende des Festes, den Ort sowie dessen Erreichbarkeit mit öffentlichen Verkehrsmitteln angeben. Den inhaltlichen Rahmen stecken: Wer zum gemeinsamen Spaghettikochen eingeladen ist, wird seine neue weiße Hose zu Hause lassen.
2. Zu- und Absagen mündlich erfragen und in eine Liste eintragen.
3. Beim Vorbereiten der Wohnung und beim Dekorieren helfen. Türschilder mit wichtigen Angaben wie »WC« oder »PRIVAT« anbringen!
4. Spiele vorbereiten, wertvolle Spielsachen unter Verschluss bringen.
5. Den Eltern bei der Zubereitung von Speisen zur Hand gehen.
6. Den Tisch und eventuell das Büfett decken helfen.
7. Die eigentlichen Gäste, aber auch ihre Eltern begrüßen und fremde Kinder zusammenführen.
8. Bei Pannen und Missgeschicken die Eltern informieren.
9. Für Geschenke und Wünsche danken.
10. Jugendliche Gäste und deren Eltern verabschieden.

Feste nach Jahren: Silber- und Goldhochzeit

Silberne und goldene Hochzeiten waren früher etwas ganz Besonderes, lag die durchschnittliche Lebenserwartung noch Mitte des 19. Jahrhunderts bei nur 40 Jahren. Heute sind diese Feste wieder etwas ganz Außerordentliches – weil viele Paare sich vorher trennen. Grund genug, diese Hochzeitsjubiläen entsprechend zu würdigen. Dabei müssen Sie sich nicht unbedingt an die konventionellen Daten halten. Warum beziehen Sie sich nicht einfach auf Ihre gemeinsame Glückszahl, die sich vielleicht aus einem Zahlenspiel aus Geburts- und Hochzeitsdaten errechnet?

Silbernes Ehejubiläum

Möchten Sie Ihre Erinnerungen an gute und weniger gute Tage nicht auf einer einsamen Insel zu zweit allein, sondern mit Familie und Freunden teilen, bieten sich verschiedene Formen des Festes an. Sie können beispielsweise

- mit einer Ballonfahrt in den frühen Morgen starten.
- mit Sekt und Canapés den Vormittag über in einem Restaurant feiern und dann Ihre Ruhe haben.
- in Ihrer Traukirche das Eheversprechen auffrischen und danach an die häusliche Kaffeetafel bitten.
- an exakt dem Tisch, an dem Ihre Hochzeit stattfand, mit dem gleichen Speisenplan und einem Duplikat Ihrer Hochzeitstorte in Erinnerungen schwelgen, wobei die Braut nun einen Silberkranz trägt.
- mit Dinner und Tanz den Weg in die nächsten 25 Jahre ebnen.

Ansprachen sind immer willkommen, auch von den Gästen. Wollen die Kinder ihren Eltern dabei gerecht werden, dürfen ihre Reden nicht allgemein und nur positiv sein. Mit Humor darf der eine oder andere Wermutstropfen durchaus thematisiert werden.

Die goldene Hochzeit

Rüstige Jubelpaare nehmen die Organisation selbst in die Hand; wer es komfortabler haben möchte, überlässt dies den eigenen Kindern oder auch engen Freunden. Diese begrüßen die Gäste am Eingang, das Jubelpaar darf im Sitzen empfangen. Da mit einem partiell älteren Gästekreis zu rechnen ist, sollten die Veranstalter Hürden aus dem Weg räumen und

- dem Vor- bis Nachmittag gegenüber einer Abendveranstaltung den Vorzug geben,
- einen Ort wählen, der vom Parkplatz leicht zugänglich ist,
- einen Fahrdienst organisieren,
- komfortable, doch feste Sitzgelegenheiten anbieten, lieber Stühle an Tischen als Sessel am Couchtisch,
- für leichte, bekömmliche, nicht zu scharf gewürzte Kost und alternative Gerichte sorgen,
- kein Büfett richten, sondern das Essen servieren lassen.

Ist einer der beiden Partner im Krankenhaus oder im Pflegeheim, fällt das Fest aus. Jedoch begleiten die Kinder oder engsten Freunde den gesunden Partner zu dem Patienten und laden anschließend zu einem gemeinsamen Essen ein.

Damit es für jüngere Enkel nicht langweilig wird, sorgen Sie für Spiele, möglicherweise an einem Extratisch. Und damit es für jugendliche Gäste nicht brenzlig wird, ersparen Sie ihnen Fragen nach Schulfächern, Noten und Berufsplänen.

Das Trauermahl

Durch den Tod eines Menschen wird ein alter Zusammenhang aufgelöst und ein neuer hergestellt. Das Ritual des Traueressens dient dem Gedenken und damit der Wertschätzung des Verstorbenen und versichert die Trauergemeinde ihrer Zusammengehörigkeit über diesen Todesfall hinaus. Daher finden hier durchaus auch humorvolle Anekdoten ihren Platz.

Lassen Sie sich helfen

Beim Verlust eines lieben Menschen haben die Hinterbliebenen nicht nur Trauerarbeit zu leisten, sie haben organisatorisch alle Hände voll zu tun. Daher wird ein Leichenschmaus oft außer Haus abgehalten. Hier wie dort: bitten Sie offen um Unterstützung. Machen Sie niemandem den Vorwurf, dass er Ihnen Ihre Bedürfnisse nicht von den Augen abliest: Viele sind überfordert, weil der Tod einer anderen Person sie allzu sehr an ihre eigene Endlichkeit erinnert.

Ob Sie sich in einem Lokal, in der Wohnung eines nahen Verwandten oder im Sterbehaus treffen, wählen Sie die Räumlichkeiten, die vom Friedhof oder der Einsegnungshalle aus mit öffentlichen Verkehrsmitteln oder im Konvoi leicht zu erreichen sind. Lassen Sie sich vom Restaurant/Konditor/Caterer ein Angebot machen. Klären Sie die voraussichtliche Teilnehmerzahl ab; definieren Sie Anfang und Ende der Zusammenkunft. Laden Sie alle Personen, die Sie begrüßen möchten, ausdrücklich ein; ein Beiblatt im Todesbrief genügt. Dort können Sie auch persönliche Wünsche wie »Bitte keine schwarze Kleidung« anbringen. Ob Sie Kuchen, belegte Brötchen, eine deftige Suppe oder ein ganzes Menü anbieten, entscheiden Sie entsprechend Ihrem Budget.

Kontaktadresse der Autorin

Elisabeth Bonneau
Hasemannstraße 8
79117 Freiburg
www.bonneau.de

Bücher, die weiterhelfen

Bücher der Autorin

Mini-Knigge. Gräfe und Unzer Verlag, München

Erfolgsfaktor Smalltalk. Gräfe und Unzer Verlag, München

Smalltalk. Gräfe und Unzer Verlag, München

Smalltalk und Sanfte Akquise. Deutscher Sparkassenverlag, Stuttgart

Spaghetti, Jeans & gute Sprüche: Knigge für Kids. Heinrich Ellermann, Hamburg

Stilvoll zum Erfolg. Der moderne Business Knigge. Hoffmann und Campe, Hamburg

Weitere Bücher

Hirschfelder, Gunther: *Europäische Esskultur.* Campus Verlag, Frankfurt

Johnson, Hugh: *Der kleine Johnson 2004.* Gräfe und Unzer Verlag, München

Johnson, Hugh/Robinson Jancis: *Der Weinatlas.* Gräfe und Unzer Verlag, München

N.N.: *Schreib- und Gestaltungsregeln Sonderdruck 5008.* Beuth Verlag, Berlin

Paczensy, Gert v./Dünnbier, Anna: *Kulturgeschichte des Essens und Trinkens.* Albrecht Knaus Verlag, München

Piraz, Claudia/Roetzel, Bernhard: *Die Lady.* DuMont monte Verlag, Köln

Proff, Verena: *Unser Hochzeitsplaner. Der Countdown zum Glück.* Gräfe und Unzer Verlag, München

Roetzel, Bernhard: *Der Gentleman.* DuMont monte Verlag, Köln

Witt, Ute: *Ess- und Tisch-Knigge. Nie wieder peinlich.* Gräfe und Unzer Verlag, München

Wolff, Inge: *Anti-Blamier-Knigge. So verbessern Sie Ihren Auftritt.* Gräfe und Unzer Verlag, München

Internetadressen, die welterhelfen

Heinz Schopf ist Sommelier in Brenner's Park-Hotel & Spa in Baden-Baden. Der Gault Millau Reiseführer für Genießer Deutschland 2005 formuliert seine Expertise so: Der Mann, der »jeden Rebstock der Umgebung zu kennen und zu lieben scheint«. Mehr zum Hotel und seiner Gastronomie unter www.brenners.com.

Gerti Wende leitet die Catering-Abteilung der Freiburger Traditionsfleischerei »Müller-Herkommer«, welche die Zeitschrift »Der Feinschmecker« als eine der besten bezeichnet. Beispiele ihrer Arbeit finden Sie auf www.mueller-herkommer.de.

Register

→ Einfach mehr Glück und Erfolg

ISBN 3-7742-6952-1
128 Seiten | € 12,90 [D]

ISBN 3-7742-6343-4
128 Seiten | € 12,90 [D]

ISBN 3-7742-6953-X
144 Seiten | € 12,90 [D]

ISBN 3-7742-6344-2
128 Seiten | € 9,90 [D]

ISBN 3-7742-6954-8
128 Seiten | € 12,90 [D]

Mit den richtigen Entscheidungen die Weichen auf Erfolg stellen – diese Ratgeber unterstützen Sie kompetent, praxisnah und anschaulich.

WEITERE LIEFERBARE TITEL BEI GU:

- **GU GROSSE KOMPASSE: Zitate für jeden Anlass**
- **GU CLEVER LEBEN: Einstellungstests, Vorstellungsgespräche, Unser Hochzeitsplaner, Hochzeit: Reden und Glückwünsche, Schriftliche Bewerbung, Ess- und Tischknigge**

GU

Willkommen im Leben.

Impressum

Programmleitung
Steffen Haselbach
Leitende Redaktion
Anita Zellner
Redaktion
Esther Szolnoki
Lektorat
Andreas Kobschätzky

Umschlag und Gestaltung:
independent Medien-Design
Titelfoto:
Hans Döring
Illustrationen: *Sonja Heller, www.heller-blau.de*
Herstellung:
Bettina Häfele
Satz:
Uhl + Massopust, Aalen
Repro:
Fotolitho Longo, Bozen
Druck und Bindung:
Druckhaus Kaufmann, Lahr

Umwelthinweis
Dieses Buch wurde auf chlorfrei gebleichtem Papier gedruckt. Um Rohstoffe zu sparen, haben wir auf Folienverpackung verzichtet.

ISBN 3-7742-6948-3
Auflage 5. 4. 3. 2. 1.
Jahr 09 08 07 06 05

Wichtiger Hinweis

Die Beiträge in diesem Buch sind sorgfältig recherchiert und entsprechen dem aktuellen Stand. Abweichungen, beispielsweise durch seit Drucklegung geänderte Preise, Gebühren, Anlageentwicklungen, WWW-Adressen etc., sind nicht auszuschließen. Weder Autorin noch Verlag können für eventuelle Nachteile oder Schäden, die aus den im Buch gegebenen praktischen Hinweisen resultieren, eine Haftung übernehmen. Die hin und wieder männlich erscheinende Form ist, wenn nicht anders präzisiert, als geschlechtsneutraler Kollektivbegriff für Frauen und Männer gemeint.

GRÄFE UND UNZER

Ein Unternehmen der
GANSKE VERLAGSGRUPPE

Das Original mit Garantie

Ihre Meinung ist uns wichtig.
Deshalb möchten wir Ihre Kritik, gerne aber auch Ihr Lob erfahren. Um als führender Ratgeberverlag für Sie noch besser zu werden. Darum: Schreiben Sie uns! Wir freuen uns auf Ihre Post und wünschen Ihnen viel Spaß mit Ihrem GU-Ratgeber.

Unsere Garantie: Sollte ein GU-Ratgeber einmal einen Fehler enthalten, schicken Sie uns das Buch mit einem kleinen Hinweis und der Quittung innerhalb von sechs Monaten nach dem Kauf zurück. Wir tauschen Ihnen den GU-Ratgeber gegen einen anderen zum gleichen oder zu einem ähnlichen Thema um.

GRÄFE UND UNZER VERLAG
Redaktion Leben & Lernen
Postfach 86 03 25
81630 München
Fax: 089/41981-113
E-Mail: leserservice@graefe-und-unzer.de